ライブラリ スタンダード心理学

6

STANDARD

スタンダード

教育心理学

第2版

服部　環・外山美樹 編
Tamaki Hattori　Miki Toyama

サイエンス社

「ライブラリ スタンダード心理学」刊行にあたって

　科学的な心理学は，ドイツの心理学者ヴィルヘルム・ヴントが心理学実験室を開設した1879年に始まると言われる。130余年の時を経て，心理学は多様に発展してきた。数多の理論が提唱され，神経科学をはじめとする他の学問領域とのクロスオーバーが進み，社会問題の解決にも徐々に寄与するようになってきた。しかし，多様化するに従って，研究領域は細分化され，心理学という学問の全体像をつかむことが難しくなりつつある。心理学の近年の啓発書は，個々の研究のおもしろい調査結果や意外な実験結果の紹介に紙数を割くことが多く，初学者にとっては全体像をつかむことがよりいっそう難しくなっている。いわば魚影の美しさに目をとられ，大海原を俯瞰することができなくなった迷子船のように。

　本ライブラリは，初学者が心理学の基本的な枠組みを理解し，最新の知見を学ぶために編まれた。今後10年以上にわたり心理学研究の標準となりうる知見を体系立てて紹介する。また，初学者でも，独習が可能なようにわかりやすい文章で記述している。たとえば，心理の専門職を目指して偏りなく学ぼうとする方や，福祉職，教育職や臨床職を目指して通信教育で学ぶ方にとっては，本ライブラリはよい教材になるであろう。

　なお，本ライブラリの執筆者には，筑波大学心理学域（元心理学系）の教員および卒業生・修了生を多く迎えている。同大学は，丁寧で細やかな教育で高い評価を受けることがある。本ライブラリにも，執筆者のそうした教育姿勢が反映されているであろう。

　本ライブラリ執筆者による細やかな水先案内で，読者の方々が心理学という美しい大海原を迷わずに航海されることを。

2012年10月

　　　　　　　　　　　　　　　　監修者　松井　豊

目　　次

発　　達

1

　産まれたばかりの乳児や言葉を話し始めた幼児は，明らかに成人とは異なる。身体の大きさが異なるのは明らかであるが，目に見えない部分の違いはどのようなものだろうか。私たちは，久しぶりに会った子どもたちを見て，以前と比べて成長したと感じることがある。同時に，子どもたちとかかわりをもつと，彼らの振る舞いが未熟であり，成熟していないと感じることもある。この成長や成熟というものは，必ずしも身体的変化からのみ感じるものではない。

　また，成人も，年齢やライフステージによって変化する。大学生と職業や家庭をもった成人には違いがある。孫をかわいがる世代となった成人はさらに異なる。これらの違いは，年齢を重ね体型が変わり，顔にしわが増えるなどの外見的な変化のみにとどまらない。経験を重ねることでさまざまな場面での振る舞いに違いが生まれてくる。同時に，以前はできていたことが難しくなることもある。

　このように何かができるようになること，またできなくなることを含めて心理学の用語では「発達」と呼ぶ。発達というと子どものことのみを対象にしていると考えられがちであるが，近年では「生涯発達」という言葉も使われるようになってきているように，成人の変化も対象とした研究も盛んにすすめられている。

1.1　遺伝と環境

　親戚などが集まった際に子どもたちを見て，大人たちの間で「こういうところはお父さんに似ている」「こっちはお母さんに似ている」などという話題になることがある。これは両親からの遺伝の影響について話していると考えられる。別の場面では，子どもの問題行動などについて相談するときに，「小さい頃の育て方が良くなかったのでしょうか」と育て方の問題と結びつけて話す親もいる。これは子どもの行動への環境の影響について話していると考えられる。

では，遺伝と環境はどのように発達に関連しているのだろうか。あるいは，生物学的要因と文化的要因は発達とどのように関連しているのだろうか。心理学における発達に関する議論は，端的には，このような問題を扱っているといえよう。

　古くは家系研究というものがある。ダーウィンの家系には天才が多い，バッハの家系には音楽の才能があるなど，遺伝的な影響を強調する研究である。一方，早期の環境の影響を強調する研究として，オオカミに育てられた子どもの研究がある。オオカミに育てられたとされるアマラとカマラ（図1.1）と呼ばれる子どもたちは，発見されて人間に育てられたものの，発することのできる言葉は限られていたという。

　しかし，家系研究による家系内の類似性は，文化的に豊かな環境の中で育てられたため能力が開花したとも考えられる。アマラとカマラも障害をもって産まれた子どもだったのではないかとの説もある。このように，遺伝か環境かというどちらかのみが重要であると考えることには限界があるとされるようになった。現在では，それぞれの要因が相乗的に作用するという相互作

(a)　重なり合って眠る2人　　　(b)　皿に口をつけて食べる様子

図 1.1　オオカミに育てられたとされる子ども（1920 年）
(Singh & Zingg, 1942)

用説が有力である。つまり，足し算的にそれぞれの要因が影響するのではなく，それぞれの要因が相互に作用し，かけ算的に影響するということである。

1.2 　発達を扱った研究者たち

　発達における段階はどのように分けることができるのかについて，厳密な定義は存在しない。しかし，研究者は便宜上いくつかの段階に分けて研究をすすめてきた。一般的に乳児期（0〜2歳），幼児期（2〜7歳），児童期（7〜12歳），青年期（12〜19歳），成人期（19〜55歳），老年期（55歳以上）というのが理解されやすいと思われる（括弧内の年代はおおよその目安）。発達を扱う心理学研究においては，歴史的にみて乳児期から児童期にかけての変化が多く取り上げられてきた。この分野で後年に大きな影響を与え続けている研究者に，ピアジェ（Piaget, J.）とヴィゴツキー（Vygotsky, L. S.）とボウルビィ（Bowlby, J.）がいる。本節では，彼らと彼らに影響された研究者たちの研究を紹介していこう。

1.2.1 　認知面の発達

　ピアジェは，乳児期から児童期にかけての発達を大きく4つに分けて考えている。それらは感覚運動期（乳児期），前操作期（幼児期），具体的操作期（児童期），形式的操作期（青年期）と呼ばれる。ピアジェの代表的な著書として『知能の誕生』（1952）がある。彼は自分自身の子どもを注意深く観察し，またさまざまなユニークな課題を子どもに行わせることを通して子どもの発達を記述した。

　たとえば，ピアジェは，乳児が隠された対象に対してそれがあたかも以前から存在しなかったように振る舞うことを発見した。図1.2のように乳児がクマのぬいぐるみで遊んでいるとする。目の前にいる大人が布でぬいぐるみを隠すと，もっと遊びたいと探し始めることをしなかった。このことから，乳児は対象が見えなくなってもそこにあり続けるということが理解できない

図1.2　乳児における対象の永続性（アトキンソンら，2002）
クマのぬいぐるみを覆い隠すと，乳児はぬいぐるみがもうそこには存在しないかのように振る舞う。ピアジェはこの観察から，乳児はまだ対象の永続性の概念を獲得していないと結論づけた。

と考え，**対象の永続性**の概念が未発達であると考えた。この時期はピアジェの発達段階で感覚運動期に該当する。

　またピアジェは，前操作期の幼児の**自己中心性**についても巧みな課題を用いて検討している。ここでいう自己中心性とは，自己中心的な性格などのような特性とは異なり，自分の視点だけから世界を無意識に見る傾向をいう。彼は**3つ山課題**というものを通して，幼児の自己中心性について検討した。この課題では図1.3のように3つの形の異なる山を使用する。当然，見る方向によって見え方が異なる。子どもはAの位置に座り，自分の位置からの見え方と，1つの人形がB，C，Dの位置に置かれたとき，その人形からの見え方を想像するように求められた。この課題から，8歳以下の子どもは「自分自身の視点に根ざして」おり，自分自身以外の他の視点を想像できないため自己中心的であると考えられた。そして児童期に入ると，このような自己中心性はなくなる（脱中心化）としている。

　ピアジェは後の研究者たちに大きな影響を与えた。ピアジェの研究が批判的に検討されたというほうがより正確であろう。しかし，他の研究者によってさまざまな研究法が開発され，自分の研究が批判的に検討されたことを彼

た。

ヴィゴツキーの代表的な著書としては『思考と言語』（1934）があげられる。さらに彼が提唱した概念では，**発達の最近接領域**というものがよく知られている（p.43 参照）。これは，子どもが一人ではできない課題でも大人の適切な導きがあればこなせるような課題の場合，その経験を通して子どもが発達するというものである。つまり子どもは，彼らが置かれた社会的状況から大きな影響を受けるという考えである。

1.2.2　道徳性の発達

ここまでは認知発達に関する研究を紹介してきたが，社会的な状況についての研究も行われている。その一つが**道徳性の発達**についてである。ピアジェは次のような課題を使い，子どもの道徳的推論について調べた。

　　　ジョンは誤って 15 個のコップを壊した。
　　　ヘンリーはわざとコップを 1 個壊した。
　　　ジョンとヘンリーのどちらが悪い子か。

その結果，7 歳児はものを壊す程度により善悪を判断し，9 歳児になると偶然か故意かを基準に判断するようになるということがわかった。またコールバーグ（Kohlberg, 1982）は，次のような明確な正答がない複雑な課題を用いて道徳的推論について調べている。

　　　ある婦人がガンで死にそうになっている。ある薬によって助かるのだが，その薬は同じ街に住んでいる薬剤師が発見したラジウムの一種で，彼はかかった費用の 10 倍でその薬を売っている。婦人の夫はお金を借りようとしたが，値段の半分しか集められなかった。そこで彼は薬剤師に，妻が死にかかっているのでその薬を安く売ってくれるか，支払いを待ってくれるように頼んだ。しかし薬剤師はそれを断った。どうしても

薬を手に入れたい夫は，妻のために薬を盗みに入った。彼はそうすべきだったか？

　その結果，コールバーグは，行為の善悪をその結果によって判断する段階や，行為者の意図に従って判断する段階，経験を超越した道徳原理によって判断する段階など，道徳性の発達についていくつかの段階を提唱している。しかし，これらの課題はあくまでも道徳的推論についてのものであり，単なる推論の能力に依存しているという指摘もある。ダン（Dunn, 1987）はより年少の子どもの日常生活の観察を通して道徳的推論ができないような子どもでも道徳的理解や道徳的判断はできるとしている。たとえば，鼻をほじるのを注意された後にソファに隠れて鼻をほじるとか，冷蔵庫からお菓子を取り出して隠れて食べたりするなどである。

1.2.3　心についての理解の発達

　自分は知っているが他人は知らないような状況をどのように理解しているかをみる心の理論課題というものがある。図 1.7 に示したようなマキシとチョコレート課題もその一つである。この課題ではどのような答えが正解だろうか。

　ここでは，マキシははじめにチョコレートをしまった緑色の戸棚を探すというのが正解である。マキシはチョコレートが移動したのを見ていないからである。しかし，4 歳未満の子どもは自分が知っているということから離れられず，移動した場所を探すと答える。

　しかし，この課題も自分自身の視点から離れられないというピアジェの 3 つ山課題に似た批判が可能である。実際には自分と他者が別のことを考えていることを理解できているが，課題で求められたものを理解できていないことが指摘されている。課題を達成できる段階があるというのは明確であるが，何を測っているのかという妥当性の問題は多くの心理学の研究について回る。しかし同時に，それらへの批判的検討により研究が発展していることは意味

マキシはチョコレートを緑色の
戸棚にしまいました。

マキシは公園に行きました。

マキシがいない間にお母さんは
チョコレートを緑色の戸棚から
青色の戸棚へ移しました。

お母さんは庭に出て行きまし
た。

マキシはチョコレートを食べる
ために家に戻りました。

マキシはチョコレートを食べる
ためにどこを探しますか？

図 1.7　**マキシとチョコレート課題**（Perner & Lang, 1999 より作成）

のあることといえよう。

1.2.4　情緒面の発達

　ボウルビィは早期の親子関係，とくに母子関係の影響を重視した。ボウル
ビィはもともと児童精神科医であった。精神分析においては，何らかの問題
を抱えた成人が語る過去の親子関係から現在の問題との関連を見ていたとい
っていいだろう。しかし，ここで現れる乳児はあくまでも臨床的につくられ
た乳児であり，現実の乳児を観察し経過を追ったものではなかった。そこで
ボウルビィは，現実に観察された乳児の親子関係，なかでも母子関係を重視

しアタッチメントの概念を提唱した（彼の代表的な著書としては『母子関係の理論Ⅰ・Ⅱ・Ⅲ』(1969, 1971, 1973) があげられる）。

　アタッチメントは愛着と日本語に訳されることがあるが，日本語の愛着とは厳密には意味が異なる。ボウルビィが提唱したアタッチメントとは，恐れや不安からの「安全性の感覚」の回復に至るまでの情動制御メカニズムとされ，そこでは物理的な意味での安全性ではなく主観的に感じられた安全性が重視されている。

　ボウルビィはハーロウら (Harlow et al., 1971) の研究に影響を受けているといわれている。ハーロウはアカゲザルの赤ちゃんを用いて代理母の実験を行った。この実験では，図1.8のように針金でつくられた母ザル（ハードマザー）と毛布でくるまれた母ザル（ソフトマザー）が使われた。その結果，赤ちゃんが代理母にしがみつく時間はミルクが出るかどうかにかかわらずソフトマザーのほうが長いという結果が得られた。このことから，接触することへの欲求は食欲から二次的に派生するものではないと考えられる。

図1.8　ソフトマザー（左）とハードマザー（右）

さらにこの研究では，早期に母親から離されたアカゲザルは群れに戻った後も有効な社会的関係をもつことができず，子どもを残すことができなかったことも明らかにされた。このことは，アカゲザルにおいても安全性の感覚の回復のためには母親との接触が重要で，そのような機会が剥奪された場合にはその後の社会的発達に影響を及ぼすことを意味している。

　ボウルビィの理論を実証的に発展させた研究者としてエインズワースがいる。エインズワースら（Ainsworth et al., 1978）は1歳半くらいの人間の子どもとその母親を対象に実験を行っている。この方法は**ストレンジ・シチュエーション法**と呼ばれ，実験室で見知らぬ他者（女性）が子どもに働きかけるものである。

　図1.9に示すような状況で，はじめは母親も同席するが後に母親は実験室から退室し，子どもは，見知らぬ女性（ストレンジャー）と2人きりになる。その後子どもは一人残され，母親が再び入室するという流れである。エインズワースは，この過程で母親が退室する際と母親が再び入室する際に子どもがどのような行動を示すかを観察することにより，アタッチメントのタイプを分類した。

　このような状況で子どもがどのような行動をとるかを考えてみてほしい。母親がいる状況では安心して実験室に置いてあるオモチャなどで遊び，母親が退室するときは抵抗し，その後入室すると歓迎するというパターンがもっとも予想されやすいのではないだろうか。このようなタイプは**安定型**とされ，母親との間に良好なアタッチメントが形成されていると考えられる。

　その他に回避型やアンビバレント型に分類される。**回避型**は親と離れても泣くことがなく，再会したときにも，親から目をそらすなど，親を回避する行動が見られ，親がいなくても一人遊びが多い。**アンビバレント型**は再会時に抱き上げようとすると泣き出し，降ろそうとすると怒ってしがみつくなどのように身体接触を求めることと抵抗を同時に示し，親がいるときも不安が強く，離れる際には激しく泣いて抵抗を示すという特徴をもつ。

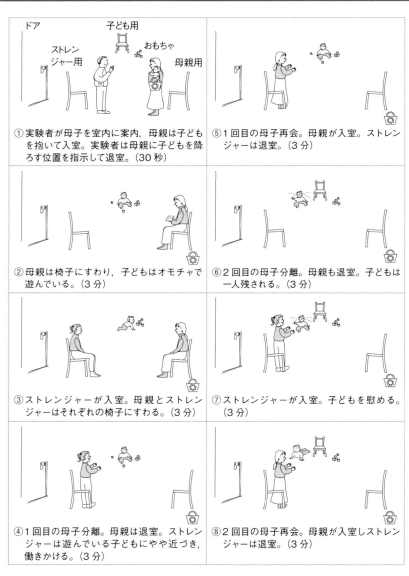

図 1.9　**ストレンジ・シチュエーションの8場面**（Ainsworth et al., 1978
を要約；数井・遠藤，2005）

1.3 乳児期から老年期までの発達段階

　さらに，ボウルビィと同年代であり，ウィーンの精神分析研究所で児童の精神分析を学んだエリクソン（Erikson, E. H.）は漸成的発達論といわれるライフサイクルを通した一生涯にわたる人格発達を体系化した（図1.10）。エリクソンは正統派フロイト主義を継承したといわれ，フロイトの性欲説をもとにした心理・性的発達を一つの理論的柱とした。そしてもう一つの大きな柱は心理・社会的発達であり，この点を重視したところがフロイトとは異なる。エリクソンの理論の心理・社会的発達の各段階では克服すべき心理・社会的な危機が存在し，人間は危機を克服しながら人格が発達していくとし

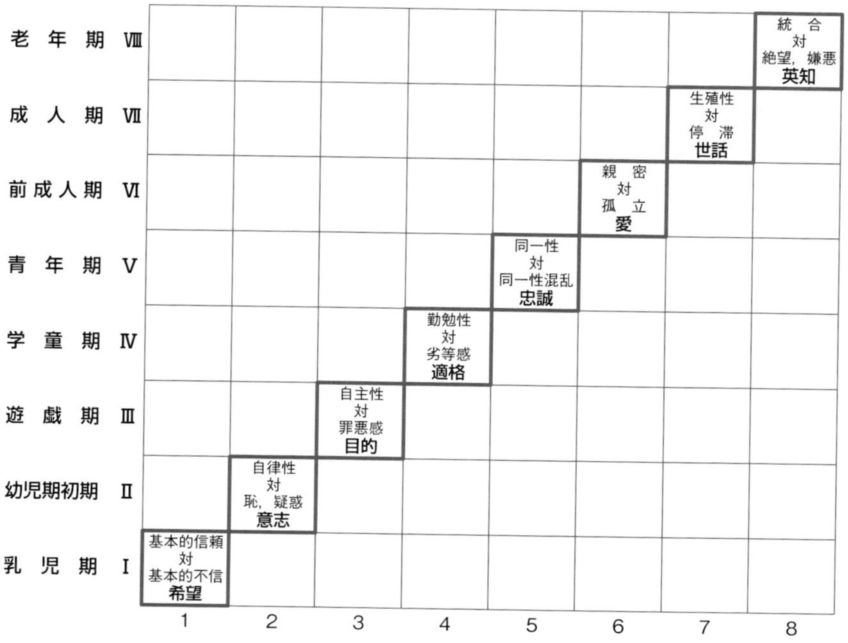

		1	2	3	4	5	6	7	8
老 年 期	VIII								統　合 対 絶望，嫌悪 **英知**
成 人 期	VII							生殖性 対 停　滞 **世話**	
前成人期	VI						親　密 対 孤　立 **愛**		
青 年 期	V					同一性 対 同一性混乱 **忠誠**			
学 童 期	IV				勤勉性 対 劣等感 **適格**				
遊 戯 期	III			自主性 対 罪悪感 **目的**					
幼児期初期	II		自律性 対 恥，疑惑 **意志**						
乳 児 期	I	基本的信頼 対 基本的不信 **希望**							

図 1.10　エリクソンの発達段階（Erikson, 1982；村瀬・近藤訳，2001）

ている。各発達段階における危機は図 1.10 のように表すことができる。

　青年期においては**自我同一性（アイデンティティ）**の確立が重要な発達課題とされおり，その一方で自我同一性の拡散という危機が存在する。自我同一性とは「過去から将来に至る時間の中で自分は一貫して自分であり，しかも社会的関係の中で他者からそのような自分を認められている」という感覚であるとされる。

　成人期に入り自我同一性を達成した個人同士が真の親密性を形成し，自分の子どもの養育のみならず次世代の育成に興味や関心をもち，自分の人生をこの作業に投入することに喜びを感じるようになる。最後には，老年期に入り自分が生きてきた人生から知恵と満足した存在感を得ることが，重要な課題となっていく。

学　　習

　私たちにとって，学習という言葉はさまざまな意味をもつ。本書では学習を，「経験による比較的永続的な，行動・認知の変化」と定義することとしよう。したがって生まれてから死ぬまで，学校や教育の介入の有無，学習の意思の有無にかかわらず，経験にもとづく変化はすべて学習として扱われる。反対に，生まれつき備わった生得的な行動・認知は学習ではない。私たちの内側は，その多くが学習の結果によってつくりあげられているのである。

　本章ではまず，古くから知られる学習理論と教育実践の方法を説明し，さらに近年の学習に関する理論と実践について紹介する。

2.1　古典的な学習理論と教育実践

2.1.1　学習の理論

1.　条件づけと強化による学習

　学習に関する研究でもっとも古くからあるものは，**条件づけ**と呼ばれる現象である。ロシアの生理学者パヴロフ（Pavlov, I. P.）は，イヌが餌を食べるときに消化液が分泌される現象に際して，餌を与えるときに同時にベルを鳴らすことを試みた。これを繰り返した結果，イヌはベルが鳴るだけでも消化液を分泌するようになった。この現象を**古典的条件づけ**といい，本来消化液の分泌に関係のないベルの音が分泌の条件刺激になるという，経験にもとづく変化を引き出したのである。

　このプロセスは図 2.1 のように示される。もともと無条件刺激（餌）と無条件反応（消化液）だけが存在した状態に，条件刺激（ベル）が繰返し提示（対提示）されることで，本来関連がない条件刺激と条件反応（消化液）の

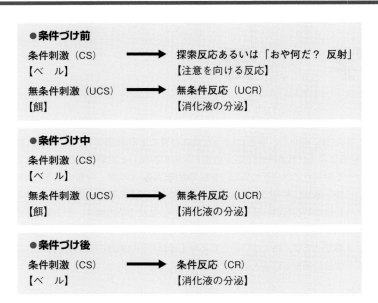

●条件づけ前

条件刺激（CS）　　━━━━▶　　探索反応あるいは「おや何だ？反射」
【ベ　ル】　　　　　　　　　　　【注意を向ける反応】

無条件刺激（UCS）　━━━━▶　　無条件反応（UCR）
【餌】　　　　　　　　　　　　　【消化液の分泌】

●条件づけ中

条件刺激（CS）
【ベ　ル】

無条件刺激（UCS）　━━━━▶　　無条件反応（UCR）
【餌】　　　　　　　　　　　　　【消化液の分泌】

●条件づけ後

条件刺激（CS）　　━━━━▶　　条件反応（CR）
【ベ　ル】　　　　　　　　　　　【消化液の分泌】

図2.1　**古典的条件づけ**

連合が形成される。このプロセスを**強化**という。また類似した刺激にも同様に反応が形成されることを**般化**という。

　また，スキナー（Skinner, B. F.）は**オペラント条件づけ**（道具的条件づけ）と呼ばれる現象を発見した。オペラント条件づけは，学習者が自発的な行動を起こしたとき，この行動をさらに促すような報酬や，行動を減らすための罰などを与える。この結果，行動が強化されたり消去されたりする。ここで与えられる報酬や罰は行動を強化する**強化子**と呼ばれる。代表的な実験として**スキナー箱**（図2.2）による学習実験がある。スキナー箱のネズミは箱の中のレバーに触れることによって餌を受け取り，餌を強化子としてレバーを押す行動が強化され，行動が増加するのである。

　バンデューラ（Bandura, A.）は，人間が直接的な経験を経ることなく学習を成立させる現象を見出し，これを**観察学習**（モデリング）と名づけた。観

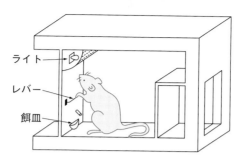

図2.2 **スキナー箱**
ネズミがレバーを押すと，ライトが点灯し，餌皿に給餌される。

察学習は，他者の行動や考えなどを観察する中で，自己の新たな行動や考え
を得る。このとき必要となるのが，模範的な行動を観察すること，そしてそ
の行動を自分で動機づけることによって強化を行うこと（**代理強化**）である。

2. 試行錯誤学習と洞察学習

　ソーンダイク（Thorndike, E. L.）は，ネコを**問題箱**（図2.3）と呼ばれる
装置に入れ，ネコがここから脱出するプロセスを研究し，試行錯誤学習の存
在をつきとめた。問題箱に入れられたネコは外に出ようとして檻をかじった
り天井に登ったりとさまざまな行動をするが，やがて檻の中にある輪に手を
かけ，それを引っ張ることで鍵を開けることができるようになる。これを繰
り返すうち，次第に鍵を開ける行動だけが素早くできるように学習が進む。
このようなタイプの学習を**試行錯誤学習**という。試行錯誤学習は鍵を開ける
という報酬を得る道具的条件づけの一種であり，オペラント行動の一種とし
て分類される。

　また，ケーラー（Köhler, W.）はチンパンジーを使って思考に関する実験を行
った。実験では天井にバナナがつるしてあり，道具として棒や踏み台などが
置かれている。ケーラーの観察によると，チンパンジーはさまざまな試行錯
誤をするわけではなく，あるとき突然ひらめいたように踏み台を積んでバナ

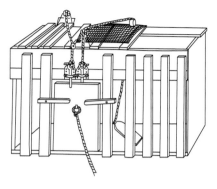

図 2.3　ソーンダイクの問題箱

ナにたどりついた。ここからケーラーは，学習者が過去の経験や状況を統合して解決の見通しを立て，洞察的な課題解決学習が行われることを見出した。

2.1.2　学習の教育的実践

　ブルーム（Bloom, B. S.）やキャロル（Carroll, J. B.）は完全習得学習という考え方を示した。これは通常の授業で，95％以上の児童生徒が学習内容を完全に習得させるために何が必要かというものである。ブルームらは学習の進行の中で児童生徒らの学習の定着を図りながら，不十分なところを補い，最終的な学習の達成を目指した。

　近年ではアクティブ・ラーニングと呼ばれる，学習者の能動的・主体的な参加によって学習を実現するような，学習者にとってより実際的な学習をどのように支援するかについて活発な研究と実践がみられる。ここではこの目標を達成するような試みとして，どのような実践が行われてきたかについて紹介する。

1. プログラム学習

　前述のオペラント条件づけの理論を応用した指導方法がプログラム学習で

化した。思考スタイルは人間の認知・学習と性格の相互的な関連であり，個人差に応じた教育の認知的背景を明らかにしたものである。

　これらの理論を受け，指導についてさまざまな取組みが行われている。才能教育や個性化教育では，古くから知られている飛び級のほか，イギリスで2004 年から取り組まれている PL（パーソナライズド・トレーニング），アメリカではレンズーリ（Renzulli, J. S.）の全校拡充モデル（Schoolwide Enrichment Model ; SEM）などがある。これらは児童生徒各自に対する詳細な能力の評価と，多様な学習資源の提供が特徴となっている。また特別支援教育の観点では，アメリカで進められている「二重の特別支援教育（2E 教育）」や，発達障害の子どもに対する構造的教授法の TEACCH プログラムなどが知られている。これらに共通しているのは，障害をもつ子どものどのような認知的機能に問題があるのかを把握しながら，もっている能力を活かす形で指導が構築されること，そして学びの中で自らの自尊感情や有能感をいかに支えるかについて注意が払われていることにある。

2. 学習の転移とメタ認知

　先に学習したことを，後に続く問題の解決に利用することを学習の転移という。たとえば，道のりと速さを使った割合文章題の解法は，濃度についての文章題を解くときに使うことができる。濃度の問題を見たとき，「道のりの問題と同じだ」と気づいたとしたら，転移が成立したことになる。しかし，この転移はなかなか起こりにくいことが知られている。

　多くの研究が，転移を可能にする学習の方法を明らかにしている。ジックとホリオーク（Gick & Holyoak, 1983）は，同じ解法をもつ 2 つの問題を解き，それぞれの共通点に気づかせると，これらとは異なる新しい問題への転移が容易であることを見出した。この共通点の抽出をスキーマ帰納という。また先のジック（1992）は，問題を解くときに「失敗」を経験すると，失敗を経験していないときに比べ転移が促進されることを指摘している。

　これらの活動は，私たちが学習をするとき，自らの学習を「別の視点」から眺め，問題を抽象化したり，解決の目的を明らかにしておくことなどの重

要性を示している。このような私たちの認知活動の対象化を，**メタ認知**という。メタ認知は，「自分が今わかっていないことは何か」とか，「この問題は今までのやり方で解けそうか」といった自己の認知活動のモニタリングを含んでいる。メタ認知が可能になるためには，自己のメタ認知に対する知識も必要である。この知識については，多くの学習活動から自分で獲得するものと，メタ認知的方略の指導の双方から獲得させるものとがあり，その教育についてはさまざまな試みが考えられている。

2.2.2 教育方法の進化とメディア

教育方法の改善の歴史は，教材や教具の改善の歴史でもある。先に述べたティーチング・マシンも，教育機器の一つとして生まれたものである。このような機器を使った教育に関する研究を**教育工学**という。今日ではテレビやコンピュータなどさまざまなメディア機器が教育のための機器として利用されている。これらのメディア機器を用いた学習は，アクティブ・ラーニングの支援においても重要な役割を果たしている。ここでは学習のための教育方法の改善について解説する。

1. 視聴覚教育とマルチメディア学習

「百聞は一見にしかず」という言葉に代表されるように，どれだけ言葉を重ねるより，たった1つのイラストや映像だけで内容がよりわかりやすくなることも多い。私たちの視覚や聴覚，触覚などの入力の違いを**モダリティ**という。このモダリティの違いによって，記憶成績が向上したり，理解の性質が異なったりすることは古くからよく知られている。このような視覚・聴覚に大きくかかわる材料を使用して教育を行う試みは古くから行われており，これを**視聴覚教育**と呼ぶ。視聴覚教育はスライドやプロジェクターのような機器を使って教材を提示する方法や，レコード・ラジオを使って音声で提示する方法，あるいはテレビ・映画のような映像と音声を用いた教材を放映する方法などさまざまなものがある。

メイヤー（Mayer, R. E.）は，視聴覚教育のように文字や映像，音声など

複数のモダリティで情報が提供されるようなタイプの方法を**マルチメディア学習**という言葉でまとめた。メイヤーは，マルチメディア学習の利点として次の4つを指摘している。

①文章のように言語で提示される内容は，文章を順に追って逐次的に意味の理解が必要なのに対して，図表や映像など視覚的材料を使った場合は，一度に全体の構造や関連などを把握することができる。

②テレビなど動作を伴う材料の場合，頭の中で事物の操作を行う必要がなく，心的な操作の負担を軽減することができる。

③概念やイメージなどを心の中で思い浮かべるのではなく，人間の外側にあるメディアとして表示するので，認知的な処理の負荷を軽減できる。

④映像や音声は，学び手の注意や魅力を引きつける働きが大きく，学習に対する動機づけを高めることができる。

　近年ではさらに，教授する側から情報が提供されるだけでなく，学習者側から質問や意見が出される対話的な活動を通して，さらに学習内容が変化するという双方向的マルチメディア学習も可能になり，その可能性は広がりつつある。

2. CAI（コンピュータ支援教育）

　現代においてマルチメディア学習の中でももっともよく知られているものが，コンピュータを使った教育である。コンピュータを使った教育には大きく2つがある。一つはコンピュータによって教育すべき内容を提示し，コンピュータのみで教授—学習を進めるもので，これを CAI（Computer Assisted Instruction）という。これに対して，黒板やテレビなどの教育機器の代わりとしてコンピュータを利用する方法がある。こちらは CMI（Computer Mediated Instruction）という。

　最近のコンピュータやその周辺環境の著しい発展に伴い，CMI は現在の学校ではごく日常的に見られるようになった。また CAI はスキナーのティーチング・マシンのコンピュータ版として発展してきたが，今日その範囲は大きく拡大している。

たとえば教育目的で使用されるゲームをシリアスゲームという。有名なものとしてディセッサ（diSessa, 1982）は，物理の力学を学習する小学生に，摩擦のない世界でロケットを的に当てるダイナタートルというテレビゲームを開発した。ダイナタートル自体は単純なゲームだが，成功には発射角と重力の関係，慣性，加速度などを考慮する必要がある。学習者はゲームの中で力学の法則についての概念的なイメージを獲得できるようになるのである。シリアスゲームにはゲームソフトとして有名なソフトウェアをそのまま利用して，地理や歴史の学習に使用する方法などがすでに開発され，教育場面で利用されている。

2.2.3 学習における文化と環境

1. 学習観の変化と状況論的学習

これまでの教授—学習過程の典型的なイメージは，教える側から学び手に対して知識や技能が伝達されるというタイプのスタイルが中心であった。しかし最近になって，さまざまなスタイルの学びの形があり，個人や環境，あるいは文化によって大きく異なることが指摘されるようになった。

環境や文化による学習の違いは，学校とは違う世界での学習にしばしば見られる。たとえばジョーダン（Jordan, 1989）はユカタン半島の産婆について詳細な調査を行い，産婆たちがもつ高度な出産の技術をどのように子どもに伝達するかを明らかにした。

産婆らの子どもは将来産婆になり，生まれたときから産婆の生活を見ることができる環境にある。子どもらは家族である産婆とコミュニケーションをし，またお使いなどの手伝いなどを通して，産婆の生活を実感することになる。このときの子どもらの行動や活動は基本的に家族としての役割を果たしているにすぎないが，将来産婆になったときにこなさなければならない仕事を，年齢を追うにしたがって次第に体得する。

このようなタイプの学習では，教育内容が日常の仕事や活動，あるいはそれらを取り巻く環境の中に気づかないうちに用意されている。このため知識

や技能を教える側（親方）にも，学び手（弟子）にも教育の実感は大きくはない。このときの教育内容は日常の具体的な活動と切り離すことができない。また学校のようなスタイルで構成されてもいない。教育内容はいわゆる隠れたカリキュラムとして文化・環境に埋め込まれた形となっている。このようなタイプの学習を**状況論的学習**，あるいは**状況に埋め込まれた学習**と呼ぶ。

2. 社会文化的アプローチ

　状況論的学習の考え方は，**社会文化的アプローチ**と呼ばれる。ヴィゴツキー（第 1 章 1.2 節参照）や彼の考えを受け継いだワーチ（Wertsch, J. V.），そしてコール（Cole, M.）やエンゲストローム（Engeström, Y.）といった人々によって，学習にいくつかの新たな視点を提示した。彼らの特徴は人間の発達や学習を，身の回りにある「資源の利用」として再定義したことにある。彼らは発達や学習を，個人が自分の身の回りにある道具や環境といった資源をどのように使って変化していくかという，個人と資源の相互作用として考えている。

　また学び手のもつ能力についての見方も変化している。従来のレディネス研究で考えられていた子どもの能力は，発達段階に応じて比較的固定的なものと考えられてきた。これに対してヴィゴツキーは，**発達の最近接領域**という理論から異なる意見をもっていた。発達の最近接領域説では，学び手の能力には自分の力で知識を獲得できるようになる水準と，他者から援助を受けて獲得できるようになる水準の 2 つがあり，このおよそ中間に位置する領域を発達の最近接領域と考える。この領域はもともと柔軟に変化するものであり，適切な介入が行われることによって能力を引き出すことができるものであると考えられている。この適切な介入を**スキャフォールディング**（scaffolding；足場かけ）と呼び，教師による介入や教材，まわりの友人やクラスメートなどあらゆるものが影響を与える。

動機づけ

　今の若者が3M（無気力，無感動，無関心）に陥りやすいと揶揄されるようにな
って久しい。しかし今日の世の中を見渡してみると，若者に限らず，無気力やうつ
といった動機づけが低い状態に陥った人，あるいは陥る可能性がある人があまたい
るように思われる。

　人が積極的に行動を起こす，反対に無気力な状態に陥るといった過程には，「動
機づけ」が大きく関わっている。本章では，まずは動機づけについて説明し，その
後で動機づけが失われた状態である学習性無力感について取り上げる。

3.1　動機づけ

3.1.1　動機づけとは

　動機づけ（モチベーションともいう）とは，ある行動を引き起こし（行動
の始発機能），その行動を持続させ（行動の強化機能），結果として一定の方
向に導く（行動の評価機能）心理的過程のことである。一般的に使われる
「意欲」や「やる気」とほぼ同義であると考えられている。外部からの直接
の物理的な力をまたずに行動を自発することができる点は，人や動物が機械
とは異なる大きな特徴でもある。

　動機づけには必ず**欲求**（要求ともいう）と呼ばれる源がある。欲求とは，
ある行動を生み出したり持続させたりする「エネルギー」のようなものであ
り，「○○がしたい」といった身体的・心理的状態のことである。それでは，
欲求にはどのようなものがあるのだろうか。まず誰しもすぐに思いつくのが，
生理的欲求だろう。生理的欲求とは，「食べたい」「飲みたい」「眠りたい」
などといった，生理的な過不足状態（飢え，渇き，睡眠など）を伴う欲求の

ことである。生理的欲求は，人間や動物が正常に生きていくためには充足されなければならないものである。

　ところで，この生理的欲求が動機づけの源泉のすべてであると考えられていた時代がかつてあった。考えてもみてほしい。原始時代の人間の行動の基礎をなす前提は，生き残ることだった。人間はただ生き残るために，食べ物を求め砂漠を歩きまわったり，猛獣から身を守るため闘ったり逃げ回ったりしていた。生き残るために行動を起こす——これがすべてだったのである。つまり，人間の行動を支える根底には，まずは生理的欲求があるということになる。こうした生理的欲求は**動因**とも呼ばれ，動因を低下させるために動機づけられる（たとえば，「食べたい」という動因を満たすために何かを「食べる」という行動を起こす）という考えを**動因低減説**という。

3.1.2　感覚遮断の実験

　動因低減説の考え方はわかりやすく，広く受け入れられたが，次第に動因低減説では説明できない現象が現れてきた。その一つが**感覚遮断の実験**（Bexton et al., 1954）によって明らかになった現象である。この実験では，実験参加者の大学生は，**図 3.1** のように，目には半透明のゴーグルを，手には触刺激を制限するための厚紙の筒をつけ，柔らかなベッドの上に何もしないでじっと横になっていることが求められた。耳にはフォーム・ラバー製のU字型まくらで覆い，音も遮断された。動くことが許されたのは，ただ用便と食事のときのみであった。それ以外はまさに文字どおり，何もしないことを求められたのである。

　この何もしないでただベッドの上に横たわるという実験に対して，当時としては高額の 20 ドルが 1 日分の報酬として支払われた。また，この実験は，実験参加者が望む限り何日間も続けることができた。実験参加者（ここでは，大学生）はみな，何日でも我慢して高額な報酬を受け取ろうと意気込んでいたそうである。ところが，高額の謝礼にもかかわらず，このような状況に 3日以上耐えることのできた大学生はいなかった。早いものは数時間でギブア

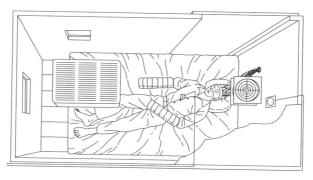

図 3.1　感覚遮断の実験の様子 (Heron, 1957)

ップし，ほとんどの大学生は 48 時間耐えられなかった。そして，彼らが実験から逃げ出す際には，たとえ報酬が少なくても刺激の多い実験（仕事）のほうが良いということを，皆が口をそろえて言ったそうである。

　この実験によると，人間が正常な精神状態を保つことができるのは，約 8 時間だという。8 時間をすぎると，注意の集中が困難になり課題解決能力が低下し，いらいらし，その後凶暴になっていく。さらに 70 時間をすぎると「目の前をリスが走っている」「音楽が聞こえる」など，視聴覚の幻覚や脳波の異常が現れた。

　感覚遮断の実験によってあらわになった現象は，動因低減説の考えとは矛盾するものである。なぜなら，動因低減説の考えが正しいならば，生理的欲求が満たされ身体内の生理的不均衡がほとんどないことは望ましい状態であって，このような状態では人間は何に対しても動機づけられることなく，したがって何も行動を起こさないはずだからである。しかし実際は，生理的欲求が快適に満たされた状態であったにもかかわらず，感覚的刺激の極端に欠如した状況では正常な状態を維持することすら怪しくなり，刺激享受に対する強い動機づけをもったのである。感覚遮断の実験は，それまでの動因低減説の考えを中心とした動機づけ理論に大きな疑問を投げかけることになった。

3.1.3　欲求階層構造説

　心理学者のマズロー（Maslow, 1943）は，動因低減説は人間がもつ低次の欲求にしか焦点を当てていないことを批判し，**欲求階層構造説**を提唱した（p.118 参照）。この理論では，人間の欲求には，「食べたい」「眠りたい」といった生理的な欲求から，「良い人間関係を築きたい」「人に認められたい」といった社会的な欲求までさまざまあり，もっとも低い水準の生理的欲求から，もっとも高次の自己実現の欲求まで，ピラミッド型の5段階の欲求階層をなすと考える（図 3.2）。上位の欲求は，下位の欲求がたとえ部分的にせよ満たされてはじめて追求することができると考えられている。

　原始時代の人間にとっては，生理的欲求を満たすことが行動のすべてであったのかもしれない。現代を生きる私たちの欲求が，果たしてどの段階にあるのかは定かではないが（それは人によっても異なるだろう），少なくとも生理的欲求を満たすためだけに私たちは行動を起こしているのではない。マズローは，動因低減説では看過されていた高次の欲求こそ，人間の理解のためには欠かせないということを主張した。

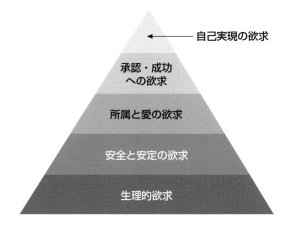

図 3.2　**人間の欲求階層構造説**（Maslow, 1943）

かわらず，逃避不可能群のイヌが行動を自発せずに無気力になったのは，自らの行動ではその事態がコントロール不可能であることを学習したからであると考えた。まったく同一パターンの電気ショックを与えても，イヌがそれをコントロールできるものであれば（つまり，自らその電気ショックから回避することができたならば）無気力にはならなかったからである。

　このように，対処不可能な課題を動物や人に課すと，解決へのあらゆる努力が功を奏さないので，「何をしても無駄だ」という無力感が学習され，いま直面している課題に対してばかりでなく，後に容易に解決できる課題が与えられても，それを解決しようとしなくなる現象のことを，セリグマンは**学習性無力感**と呼んだ。学習性無力感の考えに従うと，無気力状態になって何も自分から行動しなくなっている人は，もともと無気力だったわけではなく，セリグマンのイヌと同様に，過去に自分の努力が何ら結果に結びつかない経験をしたことが根底にあるということになる。それは時には，テストで頑張ったのに悪い点数しかとれなかったという経験かもしれない。あるいは，何とか愛する人を手に入れようと努力したのに，その愛する人から拒絶されたという経験かもしれない。とにかく，そうした自分の行動（努力）と結果との間に何ら関係がないという経験を数多くしたために，自分の力ではもうどうすることもできないというコントロール不可能性を感じ，その結果，動機づけが低下し，無気力状態になると考えられるのである。

3.2.2　人間を対象にした実験

　学習性無力感の実験は，次第に動物から人間に軸足を移していった。人間を対象にしたある研究（Hiroto & Seligman, 1975）では，実験参加者を実験室に連れて行き，そこで大音響を鳴らした。そして，複雑なボタンを正しい組合せで押すと音を止めることができる逃避可能群とどんな組合せでボタンを押しても音が止まらない逃避不可能群に分け，回避学習課題を行ってみた。そうしたところ，イヌを使った実験と同様に，逃避不可能群の実験参加者は，無気力状態に陥り，成績が悪かった。学習性無力感の現象が，人間において

も適用可能であることが示されたのである。ちなみに補足しておくが，人間を使った実験では，無気力状態になった人をそのままの状態で帰らせるわけではない。実験の終了後に実験の内容を説明し，彼らに無気力状態が消失したことを確認してから帰らせているのである。

　その後，不快音のような物理的な嫌悪刺激だけでなく，より認知的な形成課題（たとえば，人々の行動にかかわりなくレコードが聞こえたり，聞こえなくなったりするという課題や，ギャンブル用のスロットマシンから予期できないタイミングで5セント硬貨が出てくる課題）でも学習性無力感が生じることが確認された。学習性無力感の症状としては，認知，動機づけ，情緒の障害などがある。そのうちの動機づけの障害とは，行動をなかなか始めることができない，他律的となる，困難に出会うとすぐにあきらめてしまう，などといった症状である。こうした障害が生じる理由は，イヌを対象にした学習性無力感の症状と同じように，自分の行動と結果との間に何ら関係がないという経験（心理学ではこれを，「随伴性がないという経験」という）が度重なることで，自分の力ではどうすることもできないのだというコントロール不可能な状態を認知し，将来もその状態が続くのではないかと予期することにあると考えられた。

　ところが，人間を対象にした学習性無力感に関する研究が進むにつれて，学習性無力感への陥りやすさに個人差が見られることが明らかになった。たとえば，先ほどのイヌを使った実験に似た内容の実験（大音響を鳴らし，複雑なボタンを正しい組合せで押すと音を止めることができる逃避可能群とどんな組合せでボタンを押しても音が止まらない逃避不可能群に分け，回避学習課題を行う）を人間に課すと，3人に1人は無気力状態にならないことがわかったのである。また，無気力状態になった人たちの中でもすぐに元の状態に戻った者もいれば，ずっと回復しない者もいた。さらに，ある者は無気力状態を身につけた状況でのみ無気力になったが，他の者はまったく新しい状況でもあきらめてしまったという。

　そこで，それ以降のセリグマンの興味は，「誰が簡単にあきらめ，誰がけ

っしてあきらめないのか？　そしてそれはなぜだろう？」ということに移っていった。そして，解決困難な事態に陥ったとき，人はコントロール不可能であると認知するが，なぜコントロール不可能であると認知するのかその原因を推論するのには個人差が見られることがわかった。セリグマンは，その個人差を説明するために原因帰属という過程を取り入れた改訂学習性無力感理論（後述）を新たに提起した（Seligman et al., 1979）。人間は他の動物とは異なって，優れた認知能力をもっており，その認知の仕方は個人によって異なる。その認知の仕方（ここでは原因帰属の仕方）が，同じ解決困難な事態に陥ったとしても無力感を生じやすいのかそうでないかの分かれ道になるというのである。

3.2.3　不幸な出来事をどう自分に説明するか──原因帰属

高校受験に失敗したのはなぜだろうか。恋人に振られたのはなぜだろうか。このように，私たちは起こった出来事の失敗や成功の原因を探ることがあるが，このことを心理学では物事の原因を何かに帰属するという意味で**原因帰属**という。そして，原因帰属の違いによって，動機づけやその後の感情，行動が異なってくるといわれている。

原因帰属のとらえ方にはいろいろあるが，ワイナーら（Weiner et al., 1972）は原因帰属を**原因の所在**（内的─外的）と**安定性**（安定的─変動的）の２次元によって４つに分類した（**表 3.2**）。原因の所在というのは，原因が自分の内部にあると考えるのか（内的）それとも外部にあると考えるのか（外的）という次元である。もう一つの安定性というのは，原因が比較的安定しているのか（安定的）それともたやすく変化するのか（変動的）という次元である。これらの組合せによって，原因帰属には４つのパターンが考えられることになる。たとえば，テストの点数が悪かったときに，その原因を自分に求め（内的），その原因が比較的安定している要因としては能力が考えられる（「自分の頭が悪いからだ！」）。能力は，そう簡単には変えることができない安定的なものである。一方，内的なものに帰属するが，それが安定し

表 3.2　原因帰属（テストで失敗した例）

		原因の所在	
		内　的	**外　的**
安定性	**安 定 的**	能　力 （「自分の頭が悪いからだ！」）	課　題 （「問題が難しかったからだ！」）
	変 動 的	努　力 （「自分の努力が足りなかったからだ！」）	運 （「ヤマが外れたからだ！」）

ない（変動しやすい）要因としては努力が考えられる（「自分の努力が足りなかったからだ！」）。ワイナーは後に，この2次元に**統制可能性**の次元（統制可能—統制不可能性）を加え，3次元8つの帰属パターンを示している（Weiner, 1979）。

　一般的に，物事の失敗の原因（たとえば，テストの点数が悪かった）を能力に帰属すると，能力は自分の力では変えられないものなので，どうせ次も良い結果は得られそうにないと思い動機づけが低下するため，勉強をしなくなるが，努力に帰属すれば，次は努力すれば良い結果が得られると期待するので，動機づけが高まるといわれている。

　中学生を対象にした調査（奈須，1990）では，失敗の原因を自身の能力といった内的で安定的な要因に帰属すると，今後も改善の見込みはなく「どうせ頑張ってもだめなんだ」というあきらめの感情が喚起され，これが勉強をするという行動を抑制し，その結果，学業成績が低下することが示されている。他方，失敗の原因をふだんの努力（毎日の予習・復習のあり方など）といった内的で変動的な要因に帰属すると，「もっと頑張ればよかった」といった後悔の気持ちが強く喚起され，それがその後の勉強するという行動を促進し，ひいては学業成績が向上することが示されている。

　また，日本では一般に，失敗に対しては努力に帰属しやすいといわれてい

るが，失敗の原因を努力に帰属すれば，それがすぐさま動機づけを高めることにつながるという単純な話ではなく，努力の仕方に規定されているともいわれている。失敗の原因をふだんの努力のあり方に帰属した（たとえば，テストの成績が悪かった場合に，その原因を「毎日の学習のあり方」に求める）としても，どう努力すればよいのかわからない場合には，必ずしも動機づけが高まるとは限らない。逆に，努力の空回り状態が，「こんなに頑張っているのに結果につながらないのならば，何をやってもだめだ」といった学習性無力感につながる可能性も考えられる。失敗に対する努力への帰属が誤った努力の仕方（学習のあり方）への改善に結びついたときに，もっとも動機づけが高まるといえるのである。

3.2.4　改訂学習性無力感理論

　同じような状況に置かれても，動機づけが低下し無気力状態になる人もいれば，そうならない人もいる。無気力状態になった人の中にも，すぐに元の状態に戻る人もいれば，ずっと回復しない人もいる。これはなぜであろうか。セリグマンは，この違いを，自分に起こった出来事をどのように習慣的に説明するのかという**説明スタイル**の違いによって考えようとした。そして，セリグマンは，この説明スタイルを取り入れた新しい学習性無力感理論（**改訂学習性無力感理論**という）を提唱した。

　セリグマンは，学習性無力感理論を改訂するにあたって，ワイナーの原因帰属を参考にした。セリグマンが言うところの説明スタイルとワイナーの原因帰属の違いは，まず，ワイナーの原因帰属では，単独の出来事（たとえば，テストで悪い成績をとった）を人々がその原因をどう説明するのかに注目しているのだが，セリグマンは説明習慣に注目した。人それぞれに，原因を説明する習慣，すなわちスタイルというものがあるはずだと考えたのである。たとえば，テストで悪い成績をとったときに自分のせいにする人は，その他の出来事——愛する人に振られたとか，友だちとけんかをした——においても自分のせいにするという習慣があるのだという。この説明スタイルは，原

因帰属の個人差ととらえてもよい。

　また，ワイナーの原因帰属では，原因の所在と安定性の2次元を仮定しているが（ただし，後に統制可能性の次元を取り入れている），セリグマンはその2つの次元に加えて，普遍性という次元を導入した。これは，原因がどのような出来事にも共通するものなのか（普遍的あるいは全般的）それともその出来事だけに限定されるものなのか（特殊的）という次元である。

　この説明スタイルが学習性無力感への陥りやすさを規定する素質の一つだと見なされ，失敗の原因を安定的で普遍的に帰属するほど学習性無力感が生じやすいことがこれまでの研究で明らかになっている。そのうち，安定的要因への帰属は無気力の慢性化をもたらすと考えられている。その原因が安定している，つまり，いつまでも続くと思うからである。そして，普遍的要因への帰属は無気力の一般化をもたらすとされている。その原因がすべての出来事の原因と考えるからである。

　なお，内在性の次元については，これは自尊感情に関連する次元であって学習性無力感の形成には寄与しないという見解が提出されている。内在性次元は自尊感情に代表されるような感情を，安定性，普遍性次元は期待（後の無力感）を予測し，その感情と期待の両者が抑うつ（正確には「無力感抑うつ」と呼ばれている）を導くと考えられている。

関与し，記憶なくして学習は成立しない。学校においてもっとも多く行われている行為が学習であり，記憶について理解し，意図的にその働きを活用することは，学習や教育の効果を上げることにつながるはずである。これまで概観してきた記憶研究からは，複数の異なる性質の記憶があることがわかる。これまで，その種類に応じて詳細な実験と分析が行われてきた。このように複数の記憶システムが存在することは，それぞれに異なる加齢の影響があることを仮定させる。

　一方，発達研究では，発達段階に区分しないで，生まれてから死ぬまでを連続体としてとらえる**生涯発達**の考え方が市民権を得るようになった。したがって，記憶についても生涯発達的な研究が求められ，近年，とくに高齢者の記憶研究が盛んに行われ，記憶に対する加齢の影響が多様であることが明らかになっている。児童のように年齢が上がるにつれて，すべての側面で発達が促進されるということではけっしてないが，高齢者であっても衰える側面の記憶がある一方，ある側面ではかなり良好に機能が維持されているのである。

4.2.2　記憶の種類と加齢の影響

　前述のとおり，記憶は，保持時間に着目して感覚記憶，短期記憶および長期記憶の3つに区分される。そのうち，短い時間，あることを記憶にとどめておくと同時に認知的な作業を行う記憶が作動記憶である。また，長期記憶は，エピソード記憶，意味記憶および手続き記憶に区分される。

　これらの記憶の種類と老化という加齢の影響を整理すると，ほとんど加齢の影響はないとされるのが，短期記憶，意味記憶および手続き記憶である。逆に加齢の影響を受けやすいのは，作動記憶とエピソード記憶である（たとえば，太田，2006）。長期記憶ではエピソード記憶とともに，将来，実行しようとすることを思い出す展望記憶にも加齢に伴う困難が指摘されている。また，もっとも活発に記憶の発達研究がなされてきた児童期に注目すると，短期記憶は幼児期から引き続き増大する。短期記憶スパンの発達には長期記

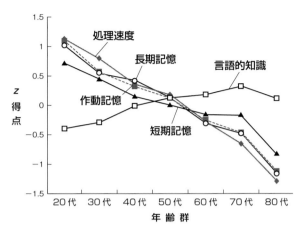

図 4.5　記憶の横断的データ（Park et al., 2002）

憶（知識）からの支援が大きいこともわかっている。さらに作動記憶も児童期の間，一貫して向上が認められている。意味記憶は他の記憶ほど顕著な発達は見られず，しかも成人期に比べて不十分であるが，発達は少しずつ進行する。

　以上から，加齢の記憶に対する影響には2つの側面がある。一つは，幼児期から成人期に至る過程で増加的な発達的変化をもたらす側面であり，もう一つは，成人期以降，高齢になるにつれて生物学的な変化とともに記憶に減衰的な変化をもたらす側面である（図4.5）。

4.2.3　複数の記憶課題における発達の様相

　出口（2011）では，複数の記憶課題を使用できる，児童から高齢者までを対象にして，成人期に至る成長発達の過程と高齢になるにしたがって逆をたどる，発達曲線の対称性を記憶課題別に検討した。

　実験参加者は，次のとおりであった。小学生は，3年生59名，4年生71名，

5年生70名，6年生57名，大学生は81名（平均19.3歳），40歳以上は，40歳代30名（平均45.4歳），50歳代24名（平均52.7歳），60歳代8名（平均66.4歳），70歳代13名（平均75.4歳），80歳代3名（平均82.4歳）の合計78名で，日常生活においてまったく支障のない健康な人を対象とした。

　使用した課題は，①作動記憶課題：「リーディングスパンテスト」（樋口ら，2001），②短期記憶課題・長期記憶課題：15単語からなるリストの直後再生課題（短期記憶課題）および遅延再生課題（長期記憶課題），③意味記憶課題：果物などの特定のカテゴリーに含まれるものをできるだけたくさん記入する課題，であった。

　作動記憶課題は，1セット内のターゲット語すべてが正解した場合を1点として得点化した（得点範囲0〜9点）。短期記憶・長期記憶課題は，正確に想起された数を得点としてカウントした（得点範囲0〜30点）。意味記憶課題は，カテゴリーに合う想起語の数を得点としてカウントした（得点0点以上）。小学生・大学生における課題ごとの平均得点を示したのが，図4.6である（もし，

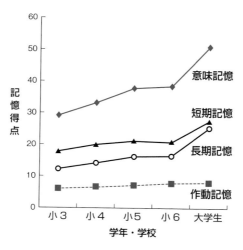

図 4.6　**小学生と大学生における記憶得点の変化**（出口，2011）

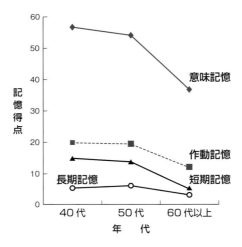

図 4.7　40代以上における記憶得点の変化（出口，2011）

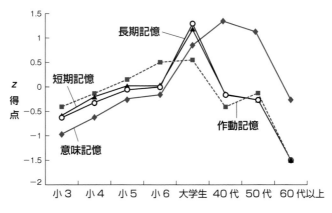

図 4.8　記憶の加齢的変化（出口，2011）

あなたが小学校の先生だったら，この結果から何を大切にした教育を心がけるだろうか）。

　また図 4.7 は，40 代以上の結果である。年代別の人数を考慮し，便宜上，60 代，70 代および 80 代を「60 代以上」24 名（平均 73.3 歳）の 1 グループとして 3 つの年齢グループ別に各課題の平均得点を示した。図からは，小学生から大学生までの記憶機能の向上と，40 代以上の減退が明らかである。

　さらに，中学生・高校生と 30 代のデータが欠如しているが，記憶の加齢に伴う全体的な変化を検討するため記憶得点を z 得点に変換して，児童から高齢者までの発達曲線を描いてみた（図 4.8）。z 得点は，原点（平均）が 0 点，分布の単位（標準偏差）が 1 点になるように標準化される。この得点を用いることにより，得点範囲の異なる複数の記憶課題間でも客観的に比較が可能となる。図 4.8 からは，次のことが明らかになった。まず，作動記憶は児童期で顕著に発達し，大学生をピークとして減退することである。次に，短期記憶と長期記憶の発達曲線はほぼ重なり合い，大学生を頂点として折り返す対称性が見られ，高齢になると加速的に減衰することが示された。さらに，意味記憶については，他の記憶とは様相が異なり，児童期から相対的に発達は遅く，ピークも 40 代である。小学校 6 年生から 60 代以上の期間で対称性が見出された。意味記憶は加齢の影響がもっとも小さい記憶といえる。

4.3　記憶の方略

4.3.1　よくおぼえるために

1.　処理の深さ

　記憶は条件づけによって形成された連合であるという立場では，無意味綴りや単語などの記憶項目を使った単純な課題の実験が行われていた。そこでは，項目の一つに対して，ペアとなる項目を再生する**対連合学習**や一連の項目を順序よく再生する**系列学習**が中心であった。そのため，学習材料の種類や過剰学習の程度による学習の度合いなどが記憶を高めることになる。しか

表 4.3　**記憶実験における処理水準の操作**（Craik & Tulving, 1975）

処理水準	質　　問	は　　い	いいえ
形　　態	大文字で書かれているか？	TABLE	table
音　　韻	WEIGHT と音韻は同じか？	crate	market
文　　章	「街で〜に会った」に挿入できるか？	friend	cloud

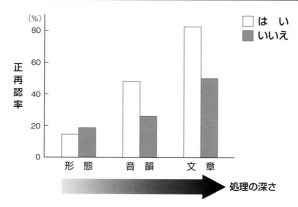

図 4.9　**処理の深さと記憶成績との関係**（Craik & Tulving, 1975）

し人間は，自分なりに情報のどこに注意を向け，どのように符号化し，ある
いはどのように検索するかを決定・実行している。この能動的な情報処理活
動を支えるのが方略であり，学習材料に応じた適切な方略を使えば記憶は確
固たるものになる（**処理水準説**；表 4.3，図 4.9）。

2.　**体 制 化**

　記憶の方略の一つが，類似しているものをまとめておぼえる**体制化**である。
情報が体制化されると知識となり，学習にとっても有効な働きをする。たと
えば，単語のリストを記憶する場合，単語を動物や植物というカテゴリーに
従ってまとめておぼえる努力をすることによって，そうでない場合よりも単

語の記憶成績は向上する。体制化は，関連する情報の整理によって符号化と検索を容易にする機能があり，それによって記憶全体が向上する。

3. 生 成 効 果

　自己と関連づける方法も有効である。記憶すべき項目が自分にあてはまるか，自分にとって意義があるかと判断しながらおぼえることによって，その項目は再生されやすくなる。自分にかかわるという意味では，情報を単に見たり聞いたりするよりも自ら情報を生成するほうが記憶成績が高くなる効果も明らかにされている（**生成効果**）。

4. 精 緻 化

　機械的で反復的な丸暗記は，何度も繰返し情報に接するという点では記憶の基本であるが，効果という面ではやはり疑問が残る。ここまでをまとめると，重要なことは，どのような符号化を行うかである。おぼえるべき材料に対して，何らかの情報を付け加えて，おぼえやすくする方法を**精緻化**と呼ぶ。おぼえるべきリストの関連から物語をつくったり，視覚的なイメージを利用したりする方略などが知られている。

4.3.2　おぼえることと思い出すこと

　情報は記憶しているのに，思い出せないという経験をしたことはないだろうか。学習（記憶）するときの文脈と思い出すときの文脈が同じまたは類似していると，情報を検索しやすくなるという原則がある（**文脈効果**）。おぼえるべき情報に関連するすべてが，ここでは「文脈」となる。思い出すことを見通して，おぼえることを工夫するのも教育の大切な役割といえる。

 記憶と教育

4.4.1　なぜおぼえようとするのか

　認知心理学の枠組みでの記憶研究が盛んに行われるようになった 1970 年代以降，**メタ記憶**という概念で，記憶の過程や内容に関する知識についての

研究が行われてきた。

メタ記憶は，「記憶する量には限界がある」などの記憶について知っている事実と，「繰返し頭で反復し続けると忘れない」などの記憶過程における自己の行為をモニターし，コントロールするための知識に分けられる。記憶や記憶方略について知ると，記憶成績の向上が期待できる。

メタ記憶の機能は，第1に「おぼえる必要性」について知ることである。記憶においては，「これはおぼえておこう」という意図をもち，行動することが重要である。幼児でも，このような意図をもった行動が観察でき，実際に記憶できているということがある。第2に，「おぼえられるかおぼえられないか」について知ることである。小学校の高学年になると，自分が記憶できる量の能力予測ができる。また，記憶の仕方がやさしいか難しいかを判断できるようにもなる。第3に，「おぼえているかいないか」について知ることである。小学校・中学年以降，「おぼえていること」と「おぼえていないこと」を判断し，「おぼえているかいないか」をモニターしながら，記憶しようとすることができるようになる。

現在の教育では，「自己学習力」や「自ら学び考える力」など，自ら学んでいく力の重要性が強調されている。さらに「主体的・対話的で深い学び」の視点から知識のあり方が注目されている。知識をただ記憶するだけでなく，既有の知識と関連づけて深く理解し，生活や学習で活用できるような生きて働く知識が必要とされている。主体的・対話的で深い学びは，「なぜ記憶しようとするのか」という問いに関連しており，記憶の心理学を含む多彩な領域から考えることができる。

4.4.2 記憶することと教えること

以下3つの視点から記憶研究の知見を教育実践に活かすことを考えてみる。

1. スキーマの理解

スキーマとは，学習者が長期記憶としてすでに有している知識の体系といえる（p.34 参照）。学習者が新しい事項を学習するとき，個々の学習者がも

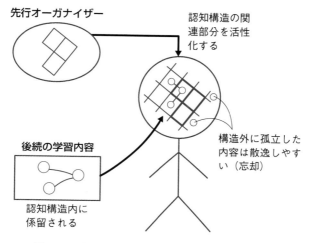

図4.10　**先行オーガナイザーの役割**（田中，1996）

つスキーマを理解しなければ，効果的な教育実践はできない。たとえば，第2章でも紹介したオーズベル（Ausubel, D. P.）の**有意味受容学習**は，スキーマが知識獲得において重要であることを示している。受容という言葉からは消極的，受動的なイメージが喚起されるが，オーズベルは学習者が獲得すべき知識をすでにもっている知識と照合し，理解し，取り入れるメカニズムは，能動的な学習過程であると考えた。有意味受容学習では，学習者が学習内容を取り入れられるようスキーマを活性化することが知識獲得の促進につながる。この役割を果たすのが，**先行オーガナイザー**と呼ばれるものである（図4.10）。したがって，新しい知識を教える場合には，学習者のスキーマの理解に努め，適切なスキーマにもとづいて学習内容を記憶できるように指導することが必要である。

2.　メタ記憶能力の向上

　メタ記憶は，小学生以降，急速に発達し，実際の記憶方略の獲得や記憶成績に影響する。記憶について知るということが，どのように記憶するか，ま

た，記憶できたかに関係するのである。とくにモニタリングとコントロールに関するメタ記憶は，児童期から青年期という時間をかけて発達するため，両者を調整する能力の発達は，就学してからの学校教育の課題ともいえる。子どもは，何をおぼえているかおぼえていないかに気づいているからといって，おぼえていないことに対して自己の活動を適切にコントロールできるとは限らない。また，課題や学習状況によって，メタ記憶は不安定になる。学習者が自ら「わからない」や「難しい」という判断を下したとき，学習方法としての記憶方略の選択や学習時間のかけ方を指導できれば，学習からの逃避は起きないであろうし，メタ記憶の能力を高めることにつながるはずである。

3. おぼえることの効率化

　適応的な熟達化を図るということが重要である。特定の領域内での知識や技能については，記憶の情報処理過程を習熟化し，自動化していくことが可能である。まさに「おぼえる」ことを効率化できる。ただ，熟達化には単に効率を高めるだけでなく，新しい課題に直面したときに既有知識を柔軟に適応させることができるという側面もある。記憶した知識や技能を機械的に使い続けるのではなく，適応的な熟達化とは，記憶した知識や技能を問題解決に役立てるために，スキーマを改訂したり拡げたりして，生きた知識にするということである。適切な学習状況をつくり，学習者に知識を有効に活用できるようにすることこそが，優れた教育実践といえよう。

4.4.3　記憶の種類と教え方

　藤田（2007）は，習得したい記憶と教授方法との関連を整理した（表4.4）。たとえば，授業で教えたい内容が，法則や定義などの命題的なものであれば，言語的に表現した教科書やプリントの利用を考えることになる。さらに記憶を確実にするためには，図表などの具体的なイメージとの組合せを考慮することになる。

　これまでに使ったり，つくったりしてみた教材が実際に学習に効果をもたらしたか否かを，この表からあらためて考えてみるのもいいだろう。

表 4.4 **記憶の習得と教授方法との関係**（藤田, 2007）

教授方法の例	記憶の種類		
	手　続	意　味	エピソード
1. 教科書・プリントの言語的記述によって説明	×	○	△
2. 教科書・プリントの図表によって説明	×	◎	○
3. 教員による操作のデモンストレーション	○	○	○
4. 教員の説明どおりに学習者が実習	◎	○	△
5. 学習者のペースで自由に実習	○	△	○
6. 教員が例題を出して学習者が実習	◎	○	◎
7. 学習者同士に教え合いをさせる	○	○	◎

（注）　表中の記号は，それぞれの教授方法が，◎はかなり有効，○は有効，△は無意味ではないが他の手段のほうが有効，×はあまり効果が期待できない，ということを示す。

　学力低下の問題が叫ばれて久しい。頭にたたき込む式の「おぼえること」だけを再び強調したのでは，この問題は解決できないであろう。記憶研究が進展してきているだけに，その理論と知見を活用して，おぼえることや学ぶことの意味と教えることの効果を問い直してみたときに，解決の糸口は見えてくるのではないだろうか。教師が記憶について学ぶことは，その意味でも重要である。

知　　能

　人間が他の動物と大きく区別される点の一つとして，高度に発達した知的能力
──知能──をもつことが考えられるだろう。さて，この場合の知能とは一体何を
さすのだろうか。また人間の知能はどのような構造をもち，どのような性質がある
のだろうか。また，それを測定するにはどうすればよいのだろうか。
　本章では知能の定義についてまず考える。そして，これまでに提唱されているさ
まざまな知能理論を概説した後に，現在わが国において利用されている主な知能検
査について紹介する。

5.1　知 能 と は

　人間は他の動物と異なり，言語を操る能力や，思考能力などの面において
優れた能力をもっている。これら人間の知的活動を支える能力，つまり知能
がどのようなものであるかについては古くから考えられてきた。しかし，研
究者が人間の知的活動のどの点に注目するかによって知能の定義は異なり，
その点において知能の定義は研究者の数だけあるといっても過言ではない。
　さて，あなたは「知能とは何か」と問われたときにどう答えるだろうか。
学部生に対してこの質問をしてみると，実に多種多様な回答が返ってくる。
その中でもとくに多い回答は「頭の回転の速さ」や「推理能力・記憶力」な
ど人間の知的側面に注目したものである。小説や漫画の世界では高い知能を
もつ名探偵などが登場する。おそらくそういった作品に出てくる登場人物の
特徴に影響を受けたのであろう。
　心理学者の知能に対する見方も千差万別ではあるが，大きく分類すると次
の3つに収束しそうである。

①経験から新しい行動，知識を学習する能力

②推理力，洞察力などの高度な抽象的思考能力

③新しい場面に対する適応能力

　教育心理学の世界では，知能テストの開発者の一人であるウェクスラー（Wechsler, D.）による定義「知能とは，目的的に行動し，合理的に思考し，効果的に環境を処理する，全体的・総合的能力である」が比較的一般に広く受け入れられているようである。しかし，知能をどのようなものとしてとらえたとしても，その知能を測定できなければ意味はない。つまり，知能は，知能検査により測定されることによってはじめて，知能として存在するものである。また，どのような知能検査を作成するかによって，測定される知能が異なるという面が存在することも否めない。その意味では，「知能とは知能検査によって測定されたものである」とする**操作的定義**の視点も重要である。

5.2　さまざまな知能理論

5.2.1　スピアマンの2因子説

　スピアマン（Spearman, C. E.）はラテン語やフランス語などのさまざまなテストを行い，その結果を分析した。その分析の結果から，知能には広く知的活動全体に寄与する一般因子（g）と個別具体の能力に寄与する特殊因子（s）の2種類の因子が存在する2因子説を提唱した（図 5.1）。

5.2.2　サーストンの多因子説

　スピアマンの2因子説に対して，サーストン（Thurstone, L. L.）は因子分析の研究から**多因子説**を提唱した。サーストンは57種類のテストの結果に対して因子分析を行い，空間，知覚判断の速さ，記憶，言語理解，語の流暢さ，推理，数の7つの知能因子を発見した（図 5.2）。

5.2.7 ルリアの神経心理学モデル

　ルリア（Luria, A. R.）は神経心理学の立場から知能について考察した。ルリアは脳の部位を3つのブロックに分け，それぞれのブロックの機能とその統合により知能をとらえようとした。

　3つのブロックはそれぞれ脳の部位と，その部位が司る機能を表している。第1ブロックは脳幹の機能を反映しており，覚醒や注意の維持に関係している。第2ブロックは，側頭葉，後頭葉，頭頂葉の機能を反映しており，情報の分析，符号化，貯蔵に関係している。第3ブロックは，前頭葉の機能を反映しており，行動のプランニングや調整などに関係している。

　図5.5はルリアの提唱する3つのブロックをまとめたものである。相互に出た矢印はそれぞれのブロックが独立して機能するのではなく，複雑な思考を行うためにはこれら3つのブロックが統合されることが必要であることを表している。

5.2.8 PASS 理論

　ナグリエリ（Naglieri, J. A.）とダス（Das, J. P.）は，ルリアの神経心理学

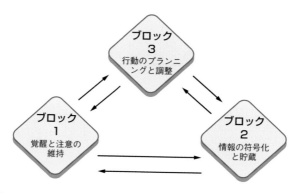

図 5.5 **ルリアの神経心理学モデル**（Kaufman & Kaufman, 2004）

モデルを発展させ，PASS 理論を提唱した。PASS とはプランニング（Planning），注意（Attention），同時処理（Simultaneous processing），継次処理（Successive processing）の頭文字をとったものであり，これら 4 つの基本的活動が人間の認知処理を支えていると彼らは考えた。

　また，これらの 4 つはルリアの 3 ブロックに対応している。注意は第 1 ブロックに，同時処理と継次処理は第 2 ブロックに，プランニングは第 3 ブロックにそれぞれ対応している（図 5.5）。

5.2.9　スタンバーグの三頭理論（三部理論，鼎立理論）

　スタンバーグ（Sternberg, R. J.）は，知能の高い人間が必ずしも社会において成功を収めていない事実から，社会における知能の応用的側面について考えた。そして知能には互いに独立した 3 つの側面があるとし，**三頭理論**（triarchic theory of intelligence）を提唱した。なお三頭理論は三部理論，鼎立理論などと呼ばれることもある。

　三頭理論では，分析的能力，実践的能力，創造的能力の 3 つの側面を想定する（図 5.6）。分析的能力は，与えられた情報を評価，判断，批判する能力である。実践的能力は，個人の置かれた環境と個人の技術の最適な組合せ

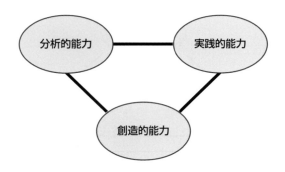

図 5.6　**知能の三頭理論**（Sternberg & Williams, 2002）

つの群因子を測定している。さらに最新版（第5版）では，全検査IQの他に，言語理解（VCI），ワーキングメモリ（WMI），処理速度（PSI），視覚空間認識（VSI），流動性推理（FRI）の5つの群因子を測定する。これらの因子はいずれもCHC理論の能力因子であり，CHC理論の観点から，より詳細な知能の働きを検討できるようになった。

(3) K-ABCとKABC-II

　カウフマン夫妻（Kaufman, A. S. & Kaufman, N. L.）はルリアの神経心理学モデルを基礎理論に児童用の知能検査K-ABC（Kaufman Assessment Battery for Children）を開発した。K-ABCはルリア理論の第2ブロック（認知処理過程）を同時処理，継次処理の点から評価する。改訂版（KABC-II）では，ルリアの神経心理学モデルとCHC理論の2つの面から知能を評価できるようになった。日本語版KABC-IIも同様にルリアのモデルとCHC理論の両方にもとづいているが，原版よりもさらに多くのCHC理論の能力因子を測定できるようになっている。

(4) Ｃ Ａ Ｓ

　ダスとナグリエリはPASS理論にもとづき児童用の知能検査CAS（Das-Naglieri Cognitive Assessment System）を開発した。CASはPASS理論の4つの基本的活動であるプランニング，注意，同時処理，継次処理の点から知能を評価する。CASは日本語版も開発された。日本語版のCASはDN-CAS認知評価システムとして知られている。

2.　集団式知能検査

　集団式知能検査は，検査者1名が多人数に対して一斉に検査を行うものである。検査用紙と鉛筆，それに時間計測用の時計があれば実施可能な簡便な検査であり，実施に要する時間も個別式と比べ短くてすむ。学校の教室場面などで実施することを想定して作成されたものが多い。主に言語性の課題から構成されるA式と，動作性の課題から構成されるB式に分類される。

(1) 京大NX知能検査

　京大NX知能検査は，たえず新しい知能理論（X）を探索しつつ，正常知

能者（N）を中心に各発達段階の人々の知能を測定することを目指し開発された。A式とB式の両方の課題が含まれている。知能を多因子説の立場でとらえており，知能を数的因子，空間的因子，言語的因子の点から評価する。

(2) 教研式新学年別知能検査

学校などの教育場面で実施することを想定して開発されたものである。小学校1年生から中学校3年生まで学年ごとに検査が作成されている。ギルフォードの考えを取り入れており，知能を，認知・記憶・拡散思考・集中思考・評価の面から評価する。

5.4　知能の特徴

5.4.1　知能の規定因——遺伝か環境か

生まれつき知能の高いあるいは低い子どもというものは存在するのだろうか。知能は遺伝によって決定されているのか，それとも取り巻く環境の働きかけによって後天的に身につけられるものであるのか。これは教育心理学において非常に重要な問題である。なぜなら，教育とはすなわち環境からの働きかけであり，仮に知能が遺伝によって先天的に決定されており，後からどのような働きかけを行おうとも変化しないものであったならば，それはある意味教育の可能性を否定することにもつながりかねないからである。また，知能が遺伝の影響も環境の影響も両方受けるということであれば，教育によるどのような働きかけが知能を伸ばすために必要であるかを考えることにつながる。

遺伝と環境の影響がどの程度あるのかを知るためには**双生児法**という研究手法がよく用いられる。双生児（双子）には一卵性双生児と二卵性双生児の2種類が存在する。一卵性双生児が遺伝子的にはまったく同じ形質をもつ一方で，二卵性双生児は2つの受精卵から生まれており，遺伝子的にはきょうだいと同じ類似性をもつ。また，双生児が家庭の事情などで別々の家庭に引き取られた場合には，双生児がそれぞれ異なる環境で育ち，異なる環境から

表 5.2　**血縁関係と知能の類似性** (Kaufman & Lichtenberger, 2006 ; Sattler, 2008)

関 係 性	相関係数
同一人物（2回検査）	.95
一緒に育てられた一卵性双生児	.86
別々に育てられた一卵性双生児	.76
一緒に育てられた二卵性双生児	.55
別々に育てられた二卵性双生児	.35
一緒に育てられたきょうだい	.47
別々に育てられたきょうだい	.24
一緒に育てられた血縁関係のない子ども	.30
一緒に住んでいる親子	.42
別々に住んでいる親子	.22
一緒に住んでいる養子縁組の親子	.19

影響を受けたことを意味する。双生児法とは，これらを比較することによって，遺伝と環境の影響を検討しようとする研究手法である。

　さまざまな血縁関係の程度と環境の違いが知能の類似性にどのような影響を及ぼすのかをまとめたものが**表5.2**である。この表の相関係数とは類似性の程度を数字で表したものであり，最大値は1である。数値が大きいほど類似性が大きいことを示す。

　一卵性双生児は別々に育てられた場合でさえ，一緒に育てられた二卵性双生児よりも高い類似性を示している。また，一緒に住んでいる親子は類似性は小さいとはいえ，一緒に住んでいる養子縁組の親子よりも高い類似性を示しており，これらの結果は知能に影響を与える遺伝の重要性を示したものといえよう。

　しかしその一方で，これらのデータは環境の重要性もまた示している。ど

の血縁関係においても，一緒に育てられたほうが，別々に育てられた場合に比べて知能の類似性は高い。また，一緒に育てられた血縁関係のない子どもは，別々に育てられたきょうだいの類似性を上回っている。

5.4.2 知能の経年的変化——加齢の影響

　一昔前までは知能は一生を通して変化しないという考えが支配的であったが，現在ではこの考えは否定されている。知能が遺伝と環境両方の影響を受けることは前項で見たとおりであるが，では知能の経年的変化，つまり加齢の影響はどうだろうか。年をとり身体的な機能が衰えるに伴って，知能も同様に衰えていくのだろうか。

　図5.9は知能の経年的変化についてカウフマンとリヒテンバーガー（Kaufman & Lichtenberger, 2006）がまとめたものである。知能の変化を検討するためには同じ知能検査の結果であることが条件となる。幼児用知能検査を受けた幼児の知能と，成人用知能検査を受けた成人の知能のように異なる知能検査の結果を単純に比較することはできない。そのため，1つの知能検査によって，できるだけ広い範囲の年齢層を対象とした調査を行う必要がある。ここ

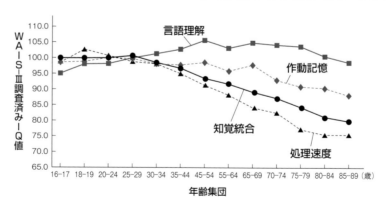

図5.9　年齢の変化とWAIS-Ⅲの得点の関係（Kaufman & Lichtenberger, 2006）

では成人用知能検査である WAIS-III が用いられている（ちなみに WAIS-III においては群因子が WAIS-IV とは異なり，言語理解，作動記憶（ワーキングメモリ），知覚統合，処理速度の 4 つであった）。WAIS は成人用知能検査であるため，乳幼児期から成人期までの知能の経年的変化についてはこの研究からはわからない。

この図を見ると，すべての知能が加齢とともに衰退していくわけではないことがわかる。言語理解に関しては 50 代をピークに上昇を続け，その後 80 代に至ってもおおよそ 100 を保っている。つまり，言語理解に関しては加齢の影響はきわめて少ない。

その一方で残りの 3 因子，作動記憶，知覚統合，処理速度は加齢に伴い顕著な衰退をみせている。とくに処理速度の衰退は顕著であり，これは私たちの実感とも近い。ただし，作動記憶については私たちの日常からの実感とは多少異なり，その衰退は比較的緩やかである。おおよそ 60 代くらいまでは大体保たれているようである。

5.5 公認心理師と知能検査

平成 27（2015）年に公認心理師法が公布され，心理職の国家資格が誕生した。今後，学校現場においても公認心理師資格を持った教員，スクールカウンセラーなどが活躍することが期待されている。

公認心理師法第 2 条では，公認心理師の業務として大きく 4 つが挙げられている。そのうちの一つに「心理に関する支援を要する者の心理状態を観察し，その結果を分析すること」がある。これは臨床心理学では**心理アセスメント（心理査定）** と呼ばれている。公認心理師として心理援助サービスに携わる者が，目の前の援助対象者がどのような問題を抱え，現在どのような心理状態にあるのかを客観的に明らかにするために行う活動である。心理アセスメントを行うことで，今後の心理援助活動の方針を立てることがより容易になる。

心理アセスメントの方法には，行動観察法，面接法，調査法，心理検査法などがあるが，このうち，心理検査法では，本章で紹介した種々の知能検査や，パーソナリティ検査（第6章参照）などが用いられることがある。

　ただし，ある心理検査によって得られるその人の特徴は，その人のある一面を測定したに過ぎない。援助を要する人がどのような問題を抱えているのかを多面的，重層的にとらえる必要がある。しかし，どの心理検査をとってもそれぞれに一長一短があり，どれか1つの心理検査によって対象者のすべてを明らかにすることは難しい。そこで，検査による負担なども考慮しながら複数の心理検査を組み合わせて実施する。これを**テストバッテリー**という。どのような検査を組み合わせて使用するかは，対象者のどのような側面をとらえたいかによって変わってくるため，さまざまな観点からどの検査が必要になるかを判断することが求められる。心理アセスメントに興味を持った人は，本ライブラリの『スタンダード臨床心理学』もぜひ参考にしてもらいたい。

パーソナリティ 6

　個性，すなわち「パーソナリティ」を知り，それをもとに適切な自己概念を形成することは，教員にとっても，児童生徒にとっても，健康な生活を送るために重要な要素となる。本章では，パーソナリティを知ることの意味を考えるとともに，代表的な類型論と特性論を概観し，測定のための心理検査の特徴を整理する。また，コンフリクトとフラストレーションをもとに，欲求がかなえられないときの行動様式から，パーソナリティについて再考する。

6.1　パーソナリティを知ることの意味

6.1.1　自己開示と自己呈示

　教員に採用されると少なくとも3回は挨拶をするだろう。最初は職員室で同僚となる教職員に向けて，2回目は担任する学級でこれから1年間ともに過ごす子どもたちに対して，そして3回目は全校集会ですべての子どもに対する顔見せとして行うに違いない。場合によっては4月末頃に行われる保護者会で，担任する子どもの保護者にも挨拶をするだろう。それぞれの場面で，初対面の相手にどのような挨拶，すなわち自己紹介をするだろうか。

　単に自分の氏名や担当する教科を述べるだけではなく，出身地や趣味，抱負，教育観などを話すとなると，それは個人的な情報の伝達にほかならない。このように，個人的な情報を相手にわかるように伝える行為全般を**自己開示**と呼んだのがジュラード（Jourard, 1971）である。彼が言う自己開示は言語的なものにとどまらず，視線や表情，しぐさなど非言語的な要素も含む。これに対して榎本（1997）は，自分がどのような人物であるかを他者に言語的に伝える行為と定義しており，榎本のほうがやや限定的な定義になっている。

先ほどの3回の挨拶をする場合を考えてみよう。同じ自己開示であっても，相手が異なれば表明する内容も大きく異なるのではないだろうか。つまり，単に自己開示といっても，それは深さや量や広がりという多様な次元があることがわかる（榎本，1997）。さらに，自分自身をどのような人物と見てほしいかという意図や目的があれば，それに沿うような情報だけを伝えればよい。このような目的志向的な自己開示は**自己呈示**と呼ばれ，呈示する情報を操作することによる印象管理ともいえる。タイスとフェイバー（Tice & Faber, 2001）は，自己呈示を行う背景に所属欲求があることを指摘している。学校での挨拶を例にするならば，新しい仲間として教職員に受け入れてもらうと同時に，すてきな教員であると子どもたちに見なされて学校内での社会的地位も高めたいという気持ちである。言い換えれば，安定した所属感を抱こうとする積極的な意図が隠れているからこそ，好感をもって受け入れてもらいやすい情報を積極的に発信するのである。

6.1.2 自己を知る

私たちは，年齢とともに，自分はどのような人間かと考えることが多くなる。自分のことを考えている主体としての自分を**自我**，自我が考えている自分という客体としての自分を**自己**，自我が考えた自己の内容を**自己概念**という。

自己概念について考える前に，「私は」という書き出しに続いて自由に言葉を補って，20個の文章をつくってみてほしい。これは**20答法**あるいは"Who am I ?"の頭文字をとって**WAI法**と呼ばれ，小中学校における学級活動の時間にも容易に実施できる。回答はそのまま読み返してみるだけでも十分だが，**表6.1**に従って4つのカテゴリーに分類することもできる。モンテマイヤーとアイセン（Montemayor & Eisen, 1977）によれば，小学生では固有の特徴をあげる割合が高いが，発達に伴って個人的な意識にかかわる内容が増える。つまり，思春期を迎える頃，外から見える自分だけではなく，自分にしかわからない自己の内面に目が向くように自我が変化した結果といえ

表 6.3　子どものパーソナリティの形成に影響が予想される環境要因
（菅原，2006 より一部改変）

養育者のパーソナリティ要因	さまざまな特性次元での養育者自身のパーソナリティの特徴
養育者の精神的安定の要因	ストレス度やさまざまな心身疾患の罹患など
養育方法の要因	授乳形態，スキンシップの方法や頻度，離乳や排泄訓練の時期や方法，睡眠・食事・清潔・着衣などの基本的生活習慣の獲得のさせ方，規則や道徳などの社会的ルールの獲得のさせ方，子どもの感情表現（怒り，甘えなど）に関するしつけ方など
養育者の養育態度や養育行動の要因	「養育方法の要因」の実施時や日常的な子どもとのコミュニケーションの際に親が示す態度や行動の要因，具体的な行動の頻度や内容，一般的な態度として支配的か放任的か，あるいは拒否的か受容的か，一貫性や矛盾の有無など
養育者の教育的・文化的水準の要因	教育や教養の程度，教育観や子ども観などの信念体系など
家庭の社会経済的地位または社会階層的要因	養育者の就労の有無，職種，収入，居住条件，家庭が保有する耐久消費財の種類など
家族構成と家族関係の要因	核家族か多世代同居か，きょうだい数，出生順位，夫婦間や親子，嫁姑などの家族間の役割分担や人間関係のあり方，勢力関係など
友人集団と友人関係の要因	発達段階ごとの友人関係や，友人集団における地位や勢力関係など，異性関係要因も含まれる
学校に関連する要因	学校の制度的要因，教育方法と内容，教員の資質や子どもとの関係性，学級集団のあり方，学校内での友人関係など
職業の要因（青年期以降）	勤務先，職種，収入，職場での地位や人間関係など，アルバイトを含む
居住地域の要因	都市部か郊外・村落地域か，僻地（離島など）か，商工業地区か住宅地区か，新興地域か伝統的地域かなど
所属集団に共通なマクロな社会文化的要因	言語，宗教，マスメディア，法律，社会制度，教育制度など，さまざまなステレオタイプ的価値観も含まれる
自然環境要因	地理的要因，気候的要因，神経系の発達にかかわるような環境汚染物質にさらされているかどうかなど

自分がどのような影響をどの程度受けてきたのかを振り返ってほしい。自分のパーソナリティがどのように形成されてきたのかがわかるであろう。養育者の養育態度や養育行動の要因に関して，支配—服従と受容—拒否という 2

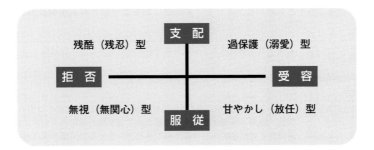

図 6.2　**親の養育態度**（Symonds，1939）

表 6.4　**出生順位と性格**（依田・飯嶋，1981）

出 生 順 位	性 格 傾 向
長　　子	自制的，用事を人に押し付ける，控えめ，仕事が丁寧，面倒なことを嫌うなど
末　　子	外で遊ぶ，おしゃべり，甘ったれ，強情，依存的，告げ口をするなど
ひとりっ子	自己中心的，協調性欠如，非社交的，依存的，競争心欠如など

次元で親の**養育態度**をとらえたサイモンズ（Symonds, 1939）の研究がある（図 6.2）。彼女は，養育態度によって子どものパーソナリティが変わることを指摘している。具体的には，親が受容的な養育をした場合，社会的に望ましい行動が多く情緒的にも安定している。さらに，親が支配的だと，礼儀正しく正直であるが自意識が強く内気だという。一方，家族構成と家族関係の要因にかかわる出生順位の影響では，長子的性格と末子的性格を明らかにした依田・飯嶋（1981）の研究がある（表 6.4）。長子は長子らしく，末子は末子らしく振る舞うことを親や社会に求められた結果，そのような役割期待が内面化されたものと考えられる。

6.2.3 学級風土

　パーソナリティというと，個人の特徴を物語るものと考えがちであるが，実は集団も独自のパーソナリティをもっている。これは**集団雰囲気**と呼ばれ，学級にあてはめれば**学級風土**，学校全体にあてはめれば学校風土，一般的な言葉にすれば校風になる（p.136 参照）。集団を人に見立てたときの性格にあたるもので，これまでに 60 項目からなる学級風土質問紙（伊藤・松井，2001）も開発されている。

　児童生徒一人ひとりのパーソナリティが集まって相加効果や相乗効果を発揮するとともに，教師の個性が加味されて学級全体としての雰囲気を醸し出す。いったん学級風土が形成されると，それに従うような行動が求められ，逸脱した行動をとれば是正することが周囲から期待される。したがって，どのような学級風土が形成されるかによって，学級運営の方針や授業の仕方，さらには学級としての生産性や創造性などが大きく変わる。

6.2.4 学校教育の中でのパーソナリティ理解

　子ども理解の際に，タマゴに例えることがある。中心部の黄身は子どもの本質的な部分で，時代とともに変化しにくい。これに対して外側の白身は，時代とともに変化したり個人個人で異なる部分である。こうして教育心理学全体を考えてみると，黄身の部分の特徴を知ろうとするのが発達や学習の領域で，白身の部分がテーマとなるのがパーソナリティやカウンセリングの領域といえる。

　では，教育心理学の中でパーソナリティについて学ぶ意味とは，どのようなものであろうか。第 1 は，教員あるいは教員を目指す者が自らの特徴，子どもの特徴，さらには学級風土を的確に把握できる力を養うことにあろう。教師が自らのパーソナリティを踏まえて子どもとかかわることで，豊かな学級風土がつくられる。また，**適性処遇交互作用**という考えの下，学習者の特徴を把握した指導法を見出していくためにも，子どものパーソナリティの理解は不可欠である。第 2 は，子どもたちが自分の個性を知り，仲間との関係

をつくり，進路の決定や職業選択に活かすための自己理解の手助けをすることである。思春期に入ると，それまでの安定した自己がさまざまな危機によって崩壊し，肯定的に自己をとらえにくくなる。そのようなとき，子どものパーソナリティを客観的にとらえて自己を肯定していくように援助することは，**アイデンティティの確立**を助けることにもつながる。

6.3　パーソナリティ理論

6.3.1　類型論

　パーソナリティを典型的な少数の型にあてはめて理解しようとする考えを**類型論**という。少ない言葉でパーソナリティの全体像が把握しやすいという長所がある反面，微妙な個人差を表現しにくいという短所もある。全体像を把握してから個々の特徴の理解に至ることから，トップダウン処理にもとづくパーソナリティ理論といえる。

1.　クレッチマーの類型論

　ドイツの精神科医であったクレッチマー（Kretschmer, E.）は，患者の体型を観察し，統合失調症（精神分裂病）には筋肉が発達していない細長型，気分障害（躁うつ病，うつ病，躁病）には肉付きがよい肥満型，てんかんにはスポーツマンタイプの闘士型が多いことを指摘した。その上で，細長型は統合失調症的な面をもつとして**分裂気質**，肥満型は気分障害的な面をもつとして**躁うつ気質**または循環気質，さらに闘士型にはてんかんの患者の特徴があるとして**粘着気質**を対応させた。3つの気質の一般的な特徴を整理したのが**表6.5**である。

2.　シェルドンの胚葉起源説

　男子学生の身体部位を詳細に測定したデータをもとに体格と気質を関連づけたのがシェルドン（Sheldon, W. H.）である。彼によれば，消化器系器官の発達が著しく，太った体格の内胚葉型は内臓緊張型で，安楽や他者との飲食，愛情を求める。筋肉や骨格が発達した中胚葉型は身体緊張型で，大胆，

表6.5　**3つの気質の一般的な特徴**（詫摩，1981より作成）

気　　質	一般的な特徴
分裂気質	非社交的，静か，内気，きまじめ，変わりもの。周囲の人との接触が円滑にいかず，冷ややか，おもしろ味がない，頑固，形式主義者という印象を与える。
躁うつ気質	社交的，善良，親切，暖かみがある。明るく開放的で，子どものような善良さをもち，率直に感情を表現して交際好きな印象を与える。
粘着気質	粘り強く，几帳面で，秩序を好む。ものの考え方や理解が遅く，まわりくどくて鈍重である。融通がきかず繊細さに欠けるが，約束や規則は正直に守り，他人に対する態度は礼儀正しく丁寧。時に自分の正当性を主張して爆発的に怒る。

表6.6　**シュプランガーによる文化価値的類型**（宮城，1960より作成）

類　　型	性　格　特　徴
経済型	ものごとをとかく損得で考える傾向が強く，金や財産への関心が強い。何をするにも功利的で，効率を考えて行動する。
理論型	真理の探求に最大の価値をおいている。ものごとを客観的に扱い，筋を通して理論的に考えようとする。
審美型	美的なものにひかれ，美の探求に価値をおいている。繊細な感情をもち，ものごとを感情的にとらえる傾向がある。
宗教型	聖なるもの，清らかなることを求め，生きがいにしている。宗教への関心が強い。
権力型	人を支配することに喜びを感じる傾向がある。権力をもつことや人を説得することへの関心が強い。
社会型	人を愛することや，誰かの役に立つことに喜びを見出し，そのことに生きがいを感じている。

活動的で自己主張が強い。やせ型で神経系の発達が著しい外胚葉型は頭脳緊張型で，控えめで過敏などの傾向がある。

3. シュプランガーの文化価値的類型論

　日常生活でどのような生き方をするか，どのようなものに文化的価値をお

くかにもその人らしさが現れると考えたのがシュプランガー（Spranger, E.）で，表6.6に示した6つの型ですべての人間を分類できると主張した。ただし，ヨーロッパの文化を強く意識した類型であり，すべての文化に普遍的ではないという批判もあるが，文化的志向という面にもパーソナリティが反映されるという点は事実であろう。

6.3.2　特性論

　履歴書等には自分のパーソナリティを記入する欄がある。あなたならどのように記入するだろうか。大多数の人は「私は○○型です」というような類型論的な表現はせず，社交的，几帳面，ほがらかというような具体的な個々の特徴をあげるだろう。この一つひとつが特性で，特性の集合としてパーソナリティをとらえる立場を特性論という。個々の特徴を把握することによってパーソナリティの全体像が理解できるもので，ボトムアップ処理にもとづくパーソナリティ理論といえる。

1.　アイゼンクの特性論

　私たちが日常生活の場面ごとで示す行動傾向はその場に特殊な反応であるかもしれないが，それらの共通点をまとめていくと習慣的な反応として集約でき，さらに習慣的な反応をまとめていくと特性になる。そして特性の集合が類型だとするパーソナリティの階層構造を主張したのがアイゼンク（Eysenck, H. J.）である。

　彼は神経症患者の特徴を分析して，パーソナリティの基本因子として内向―外向と神経症傾向の2つをあげ，さらに精神病傾向を加えることによって心理的な障害を記述する道を開いた。

2.　ビッグ・ファイブ

　パーソナリティを表す言葉や表現は多種多様である。それらを因子分析などの技法を用いて必要最小限の特性を抽出する試みが繰返しなされてきたが，近年，基本的な要素として5つの特性に集約できるという考えが主流となっている。これがゴールドバーグ（Goldberg, L. R.）によって指摘されたビッ

表 6.7　ビッグ・ファイブの因子名と代表的なパーソナリティの特徴

	コスタとマックレー (1992)	和田 (1996)	辻ほか (1997)	代表的なパーソナリティの特徴
因子名	神経症傾向	神経症傾向	情動性	心配性で，傷つきやすい
	外向性	外向性	外向性	社交的，活動的で，温かい
	開放性	開放性	遊戯性	独創的で，大胆さもある
	調和性	調和性	愛着性	誠実で，慎み深く，優しさと思いやりがある
	誠実性	誠実性	統制性	まじめで，自己鍛錬に励み，慎重である

グ・ファイブで，コスタとマックレー（Costa & McCrae, 1992）の研究とその後のわが国での研究では因子名が一部異なっているものの，基本構造は同じである（表6.7）。

　ここで，表6.8（p.114）の上の表を見て，(a)から(l)の文が自分にあてはまるかどうかを考え，もっとも近い数字に○印をつけてみよう。○印をつけた得点の，(a)と(f)の合計が外向性，(e)と(j)の合計が神経質傾向，(d)と(i)の合計が誠実性，(b)・(g)・(l)の合計が調和性，(c)・(h)・(k)の合計が開放性を示す。回答後は，表6.8の下の表に従って集計と解釈をしてほしい。

6.4　パーソナリティの測定

　パーソナリティ全体を海に浮かんだ氷山としてとらえてみよう。海面上には大きな氷の山が見え，形や大きさもほぼ把握できる。しかしながら，海面下にある部分は，どのような形で，どれほどの大きさなのかは，潜らない限りわからない。このような氷山の海面上の姿を数量化するのが「質問紙法検査」であり，海面下の特徴を明らかにしようとするのが「投影法検査」とい

表 6.8　ニューカッスル・パーソナリティ評定尺度表（上）と解釈法（下）
（ネトル，2007）

	きわめてあてはまる	ややあてはまる	どちらでもない	ややあてはまらない	きわめてあてはまらない
(a)知らない人とすぐ話ができる	5	4	3	2	1
(b)人が快適で幸せかどうか気にかかる	5	4	3	2	1
(c)絵画等の制作，著述，音楽を作る	5	4	3	2	1
(d)かなり前から準備する	5	4	3	2	1
(e)落ち込んだり憂鬱になったりする	5	4	3	2	1
(f)パーティや社交イベントを企画する	5	4	3	2	1
(g)人を侮辱する	1	2	3	4	5
(h)哲学的，精神的な問題を考える	5	4	3	2	1
(i)ものごとの整理ができない	1	2	3	4	5
(j)ストレスを感じたり不安になったりする	5	4	3	2	1
(k)むずかしい言葉を使う	5	4	3	2	1
(l)他の人の気持ちを思いやる	5	4	3	2	1

ネトル（2007）p.264 より一部改変。

因　子	得点の解釈法
外向性・神経質傾向・誠実性	2〜4点は低い，5，6点はやや低い中間的，7，8点はやや高い中間的，9，10点は高いと判断する。
調 和 性	男性では，9点以下は低い，10，11点はやや低い中間的，12，13点はやや高い中間的，14，15点は高いと判断する。女性では，11点以下は低い，12，13点はやや低い中間的，14点はやや高い中間的，15点は高いと判断する。
開 放 性	8点以下は低い，9，10点はやや低い中間的，11，12点はやや高い中間的，13〜15点は高いと判断する。

ネトル（2007）pp.267-268 より作成。

える。

6.4.1 質問紙法検査

　質問文を多数印刷した用紙を配付し，それに順番に回答させる形式でパーソナリティを測定する検査が**質問紙法検査**で，目録法検査とも呼ばれる。短時間に多数の人のパーソナリティを効率よく測定できるが，回答者が自己のパーソナリティを偽って回答できるという短所もある。代表的な質問紙法検査の特徴を整理したのが**表 6.9** である。なかでも適性検査として頻繁に使われるのが**矢田部ギルフォード性格検査**（YG 性格検査）であり，自我状態を

表 6.9　代表的な質問紙法検査

名　称	考案者	検査の特徴
矢田部ギルフォード性格検査（YG 性格検査）	矢田部達郎	ギルフォードの特性論を基礎として，12 のパーソナリティ特性に関する 120 の質問に「はい」「いいえ」「どちらでもない」の 3 件法により回答させる。
ミネソタ多面人格目録（MMPI）	ハサウェイ	精神障害者の特性を外部基準として作成されており，パーソナリティの異常性を明らかにすることを目的とする。550 の質問文に「はい」「いいえ」の 2 件法で回答させる。
モーズレイ性格検査（MPI）	アイゼンク	神経症的傾向（安定―不安定）尺度と向性（内向型―外向型）尺度，各 24 項目ずつの質問と，回答が嘘かどうかを判断する虚偽尺度 20 項目，さらにはダミー項目を加えて合計 80 項目からなる。
16PF 性格検査	キャッテル	同質の内容からなる A 形式と B 形式があり，16 のパーソナリティ特性に関して 187 項目の回答から診断する。2 つの形式があるので，一方を単独で実施しても，同時に実施して信頼性を確かめてもよい。
エドワーズ欲求検査（EPPS）	エドワーズ	マレーの欲求理論にもとづく 15 種類の欲求について述べた 2 つの文から今の気持ちに近いほうを選ばせる一対比較法をもとに特徴を明らかにする検査で，社会的望ましさがほぼ同一な項目対になっている。
エゴグラム	デュセイ	批判的な親，養育的な親，大人，自由な子ども，順応した子どもという 5 つの自我状態の強さとバランスがわかる。

明らかにして人間関係をより豊かにすることを目的に使われるのがエゴグラムである。

6.4.2 投影法検査

さまざまなとらえ方ができる曖昧な刺激を見せて，それに対する反応をもとにパーソナリティの深層面を解き明かそうとするのが**投影法検査**である。提示した絵や図形の解釈を求める**ロールシャッハテスト**，**主題構成検査**（TAT；主題統覚検査，絵画統覚検査），**絵画欲求不満検査**（PF スタディ）もあれば，教示に従って実際に絵を描かせる**バウムテスト**や**家・木・人テス**

表 6.10　**代表的な投影法検査**

名　　称	考案者	検査の特徴
ロールシャッハテスト	ロールシャッハ	左右対称の図版 10 枚を順番に見せ，何が見えたか，どこから見えたかを回答させる。
主題構成検査（TAT）	マレー	人物を含む漠然とした状況の絵を見せ，過去から現在，そして未来にわたる空想物語をつくらせ，そこに映し出された欲求を分析する。
絵画欲求不満検査（PF スタディ）	ローゼンツヴァイク	他者からの発言がもとで欲求不満状態に置かれた人物が自分であったら何と言い返すかを回答させ，攻撃の方向と質という面から性格を明らかにする。
バウムテスト	コッホ	「実のなる木を 1 本鉛筆で描いてください」という教示に従って絵を描かせ，その形態や特徴をもとに診断する。
家・木・人テスト（HTP テスト）	バック	「家と木と人の絵を描いてください」という教示に従って B5 判画用紙を 2 つ折りにした用紙を渡して，ページごとに 1 つずつのモチーフを描かせ，描き始めるまでの時間，モチーフごとでどの部分から描いたかの順序，描画中の情緒表現などから診断する。
動的家族画法	バーンズとカウフマン	A4 判の白紙に，「あなたも含めて，あなたの家族みんなを何かしている姿で描いてください」という教示に従って鉛筆で描かせることで，全体の印象，人物像の特徴，行為の種類などから家族関係などがわかる。
文章完成法検査（SCT）	エビングハウス	冒頭部分だけを書いた 60 個の文章をもとに，自由に言葉を補って文章を完成させ，その補完内容から自己のとらえ方，親子関係を中心とした人間関係などを把握する。

表 6.12 代表的な防衛機制

防衛機制	具体的な現れ方
退　　行	より幼い発達段階に後戻りする。妹が生まれたら夜尿が再発したなど。
抑　　圧	臭い物に蓋をする。辛い出来事を記憶のはるか彼方に追いやってしまう。
反動形成	本来の意思とは正反対の行動に出る。嫌いな人に親和的に接する。
投　　影	自分の感情を他者のものとして転嫁する。
取り入れ	他者の威光の影に入って自己を主張する。勉強ができる者たちのグループに入り，自分も優秀なのだと主張する。
昇　　華	不満のエネルギーを社会的に認められやすい行為に置き換える。友人関係でのイライラを放課後の部活動で発散させる。
逃　　避	困難な場面から逃げる。試験の前日になると部屋の模様替えをしたくなる。
合 理 化	もっともらしい理由をつけて自己を正当化する。試験ができなかったのは問題が悪いからだという。
代　　償	到達可能な別の目標にすり替えて一時的な満足を得る。進学したかった夢を自分の子どもに託す。
補　　償	自分の劣っている面を隠すために他の面でがんばる。体育が不得意なので数学の授業の時間には人一倍がんばる。

　私たちは嫌なことがあると考えないようにしようとする。個人にとって極めて重大な事柄であれば，抑圧という防衛機制が生じるであろう。ただそこまで重大なものではない場合，考えないようにしようとする。しかし，考えないようにすればするほど逆にそのイメージが頭をよぎるのが現実である。このことを実験で証明したのが，ウェグナーら（Wegner et al., 1987）である。彼らは，すべての実験対象者にシロクマの1日の様子を記録した映像を見せ，それに続いてAグループには「シロクマのことを覚えておくように」，Bグループには「シロクマのことを考えても考えなくても良い」，Cグループには「シロクマのことを絶対に考えないでください」とそれぞれ伝えた。1年後に映像の記憶を調べた結果，もっとも詳細に覚えていたのはCグループであった。これは，シロクマのことを考えないようにするには，シロクマというキーワードを常に頭の中に残しておかなければならず，もしもこのキ

ーワードを忘れてしまったら，思わずシロクマのことを考えてしまうかもしれないのである。これは**皮肉過程理論**と呼ばれ，嫌なことがあったとしてもあえて考え，それを乗り越えていくことが得策であることを示している。これは，防衛機制に頼るのではなく，現実を直視することの必要性を物語っているのである。

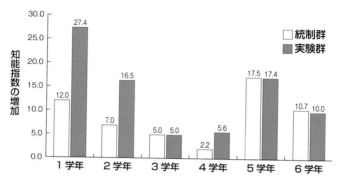

図7.1　**教師の期待による知能指数の増加**（Rosenthal & Jacobson, 1968
より作成）
リストアップされた児童（実験群）は残りの児童（統制群）に比べて，とく
に低学年で著しい知能指数の伸びを示していた。この現象は，教師が偽りの
情報を信じ込み，相応の期待を形成したことが発端となって生起したと考え
られる。

プされた子どもたちは，将来必ず知能が伸びる」という偽りの情報を与えた。
8カ月後に，再度同一の知能テストを実施したところ，リストアップされた
児童（実験群）は残りの児童（統制群）に比べて，とくに低学年で著しい知能
指数の伸びを示した（図7.1）。このような効果は，**教師期待効果**と呼ば
れる。またこの現象は，ギリシャ神話にちなんで，**ピグマリオン効果**とも呼
ばれている。この逆の現象として，教師が子どもに否定的な期待を抱きそれ
が現実となることもある現象を，ババッドは，**ゴーレム効果**と呼んだ。

　ローゼンタールらの研究をうけて，ブロフィーとグッド（Brophy & Good,
1974）は，教師期待効果の生起過程においてとくに重要な意味をもつ教師の
指導行動に焦点を当てて研究を行った。その結果教師が高い期待をよせる児
童に対しては，褒める機会が多く，誤答に対してヒントを与える頻度が高い
のに対して，期待していない児童に対しては，回答へのフィードバックが少
なく，誤答を叱責する回数が多くなる傾向が見出されている（図7.2）。教
師は子どもに対して肯定的な期待を抱いて接することが重要であるといえる。

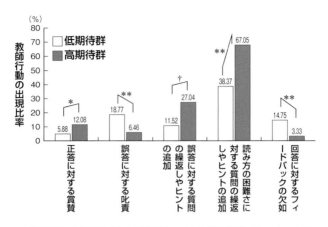

図 7.2　**教師期待の伝達に関する変数における期待群差**（Brophy & Good,
　　　　1974より作成）
（注）　†*p*<.10, *p<.05, **p<.01。
教師から高い期待をよせられた児童は，低い期待しかよせられなかった児童
に比べて，正答を賞賛される割合が高く，誤答を叱責される割合が低い。ま
た高期待児の誤答の場合には，質問を繰り返したり，別の形の質問に言い換
えたり，手がかりを与えるといった教師行動も多く受けている。

7.2.3　**教師のリーダーシップ**

　三隅ら（1977）は，教師のリーダーシップを，集団目標の達成（Perfor-
mance）に関する P 機能（集団目標達成機能）と集団の維持（Maintenance）
に関する M 機能（集団維持機能）に分類し，その組合せにより，PM 型，
Pm 型，pM 型，pm 型の 4 類型からリーダーシップをとらえる PM 理論を
提唱している（図 7.3）。教師の指導行動にあてはめると，P 機能は，学業成
績の向上，学級対抗行事の統率，学級目標の明確化など課題の達成を協調し
たもので，M 機能は子ども同士の交流を促したり心理的緊張を緩和したり
という子どもの集団生活に配慮した働きかけにあたる。三隅・矢守（1989）
によれば，PM 型のリーダーシップが発揮される学級では，子どもの**スクー
ル・モラール**（子どもの学校や学級集団への帰属感や安定感を基礎とした，

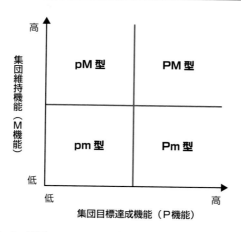

図7.3　**PM理論におけるリーダーシップ類型**（三隅ら，1977）

学校や学級での諸活動に対する積極的で意欲的な心理状態）が高く，学習意欲も良好で，学級に対する帰属意識が高く，子ども同士の連帯が強く，生活態度や授業態度に問題がないことが示された。教育現場ではとくにM機能が重要であり，M機能に支えられたP機能の発揮が理想的なリーダーシップといえる。

　三隅らの研究と類似の結果は，河村（2000）によっても指摘されており，指導的な側面でも援助的な側面でも指導が行き届いている学級では子どもたちの満足感や意欲が高いという。一方でどちらかの側面が欠けていたり，両方の側面が低い場合は，それぞれ特有の道筋を通って学級崩壊に至る可能性があるとされる。教師のバランスの良いかかわりが，スクール・モラールの維持発展に重要であることがわかる。

7.3 学級における子どもの仲間関係

　子どもの発達にとって仲間関係は大きな役割を担っている。とりわけ児童期から青年期にかけては親からの自立がすすんでいくため，仲間は心理的支えとしても重要である。そのような状況の中で学級集団は仲間関係を経験する重要な場となっている。本節では，学級集団における仲間関係について考えてみよう。

7.3.1 仲間関係の発達

1. 友人選択のあり方

　発達に伴って仲間関係はどのように変化していくのであろうか。小学校低学年では，帰宅する方向が同じ，出席番号が近いなど物理的な距離の近さ（近接性）によって，友人を選ぶことが多い。この時期の仲間関係は不安定で変化しやすいのが特徴である。小学校中学年になると，物理的な近接性に加えて，自分と似ている相手に魅力を感じるようになり，そのような類似性も友人関係成立にとって重要になってくる。小学校高学年になると，近接性よりも類似性がさらに重要になり，同じ意見をもつ人や同じ趣味をもつ人との親密性を深めていく。さらに青年期に入ると，人格的尊敬，共鳴といった高次の内面的反応にもとづいて友人関係が展開される。

2. 仲間集団の発達

(1) ギャング・グループ

　小学校中学年から高学年にかけては，遊びを通して凝集性が高く閉鎖性の強い仲間集団をつくるようになる。このような集団をギャング・グループという。4，5人から8人程度の同性の友人で構成され同一行動をとり，仲間だけに通用する約束事を決め，親の言うことよりも仲間との約束を大切にし，仲間との情緒的な結びつきがきわめて強くなる。その一方で，仲間以外の人に対しては排他的であり，閉鎖性が強く，権威（親・教師）や社会規範に反抗するような行動をとったりするようになる。こうした緊密な仲間関係と権威に対

全体でソーシャルスキルトレーニングを導入する意義として，藤枝・相川（2001）は，①児童全員が参加することによって，全児童がスキルの学習機会を得ることができる，②児童全員が参加することによって相互の行動上の変化に気づきやすくなり，ソーシャルスキルの般化効果が期待できる，③担任の教師が通常の授業時間において無理なく実施できることなどをあげている。

2. 構成的グループエンカウンター

　構成的グループエンカウンターは，本音と本音のふれあいのある人間関係を，グループでの活動を通して体験し，自己理解や他者理解を深め，自己の確立を促進することを目的としている。構成的グループエンカウンターはインストラクション→ウォーミングアップ→エクササイズ→シェアリングの流れですすめられる。①リーダーが取り組む課題を設定し，そのねらいと取り組み方，取り組む際のルールを簡潔に具体的に説明する（インストラクション）。②課題に取り組む不安を軽減したり，意欲を喚起するような導入を行う（ウォーミングアップ）。③ねらいやその集団・メンバーの状況に応じた課題（エクササイズ）をリーダーがリーダーシップをとって展開し，メンバー同士の交流を促進していく。④交流を通して気づいたことや考えたことをメンバー同士で語り合ったりしながら自己表現する（シェアリング）。

　構成的グループエンカウンターを学校教育に活用するときには，そのねらいと技法を学級経営や教育実践にあうような形でアレンジする必要がある。導入の仕方はさまざまであるが，一つの方法としては，学級活動の時間や道徳の時間などに継続して定期的に実施する方法がある。その学級集団で現在求められている内容のエクササイズを選び，実施後はその効果を活かせるような場面を設定したり，言葉がけをしたりしていく。重要なのは，同じようなエクササイズを実施しても，学級集団の状況によって展開や効果が違ってくるということである。したがって，子どもや学級集団の状況をしっかり把握した上での実施が必要となる。

7.4　主体的な学びを促す学級集団づくり

　これからは，教師から一方的に知識を与えるための学級では不十分であり，学習者同士が自由に建設的にかかわりあうことのできる学級集団が求められるようになってきている。最後にこのような主体的な学びを促す学級集団づくりについて考えてみよう。

7.4.1　学級風土とは

　集団が形成されて，一定期間を経ると，集団の個性ともいうべきその集団特有の雰囲気が形成されるようになる。**学級風土**とは，学級集団がもつ心理・社会的な性質のことである。

　それでは，子どもたちの主体的な学びを促す学級風土を形成するために，教師にはどのようなことができるのであろうか。学級より大きな集団である学校全体の集団雰囲気を**学校風土**と呼ぶ。学校風土と学級風土は互いに関連しあうものである。学校風土を構成する要素として，アンダーソン（Anderson, 1982）は表7.3のような4要素を示している。建物を変えたり，組織改革をしたりすることは困難かもしれないが，教師は，机の配置や掲示物の配置，子どもたちを動機づける工夫，教師と子どもの関係，学級での意

表7.3　**学校風土を構成する要素**（Anderson, 1982）

① 生態学的変数	建物の特徴・規模
② 社会的環境変数	教師や生徒集団の特徴やモラールなど構成員の平均的な背景や特徴によって示される変数・社会的環境
③ 社会システム変数	管理組織，授業プログラム，教師―生徒関係，生徒の参加機会，教師間の関係，コミュニティと学校の関係など
④ 文化的変数	生徒間の規範・期待・学業の強調・賞罰など

思決定のあり方，学級のルールづくりなど多様な側面から学級・学校風土づくりにかかわることができる。学級担任には，個々の子どもへのかかわりだけではなく，学級全体に向けた良好な学びの場としての「学級風土」づくりが求められている。

7.4.2 　主体的な学びを促す教師のリーダーシップ

　学びの場は教師と児童生徒でつくられるが，それを導くリーダーは教師である。学級風土についての古典的な研究の一つにレヴィンら（Lewin et al., 1939）による実験がある。小学生 5 名からなる 3 グループを設定し，民主型，独裁型，放任型の 3 種類の教師役である成人のリーダーが指導して，3 つの異なるリーダーシップが集団にどのような影響を与えるのかを検討した。3 つの異なるリーダーシップタイプとは，①専制的：すべてにわたってリーダーが一方的に決める，②民主的：メンバーによる集団討議を中心にして，リーダーとメンバーが話し合って決める，③放任的：リーダーは何も指示を与えない，であった。

　実験の結果，これらのリーダーシップは子どもの集団の雰囲気に明瞭な効果を生み出していた。まず民主的なリーダーシップの下では，人間関係がもっとも良好であり，メンバーは楽しんで作業をしており，集団全体が明るく活気に満ちて作業に対する動機づけも高かった。専制的なリーダーシップの下では，表面的な人間関係は良いものの，互いの敵意や反発が抑圧されており，潜在的な不満が集団に満ちてきた。表面的な統制はとれているものの，何となく暗く生気のない集団のように見られた。最後に放任的なリーダーシップの下では，集団は無秩序でまとまりがなく，明らかに集団としての体をなしていなかった。以上より，子どもの主体的な学びを促すためには，教師は民主的なリーダーシップを発揮することが理想的といえる。

7.4.3　学級集団づくりのためのアセスメントの活用

　望ましい学級風土を形成するために，教師が活用できるものとして，学級
風土のアセスメントがあげられる。学級風土のアセスメントは，子どもたち
の視点から学級を見直す資料を提供する。教師の実感とは異なる子どもたち
の回答は，教師が気づかずにいた潜在的な学級への不満や潜在的な支援ニー
ズ，学級の良さなどへの気づきをもたらす。結果には，多くの場合，教師の
実践への思いや特徴が反映される。自分の行動が思いがけない部分で子ども
たちに受け入れられていたり，学級の特徴に現れていることを知って励まさ
れたり，指導の工夫が継続的なアセスメントの結果の変化で確かめられたり
もする。教師にとっては，学級経営を具体的に振り返ることができるツール
である。

1.　学級風土質問紙

　学級風土のアセスメントとして，「学級風土質問紙」（伊藤・松井，2001）
がある。「学級風土質問紙」は，学級が全体としてもつ性質を多次元的にと
らえる尺度である。子どもたちの回答から，子どもたちが認識している学級
の個性をアセスメントするものである（表7.4）。学級風土質問紙によるア
セスメント結果は，子どもたちが主観的にとらえた学級像である。学級が集
団としてもつ個性「学級風土」を測定する尺度であり，「関係性」「個人発達
と目標志向」「組織の維持と変化」の3領域からなっている。

　伊藤らによると，「生徒間の親しさ」の値が高く，「学級内の不和」が低い
学級は，仲間はずれがなく，グループ化やいじめもほとんどなく，和気あい
あいとした人間関係を背景に安心して自己開示できるような開放的な雰囲気
のある風土で，逆に「学級内の不和」の値が高く「生徒間の親しさ」「自然
な自己開示」の値が低い学級は，もめごとや仲間はずれ，グループ化，不穏
な雰囲気などの問題が存在し，子どもたちの親密度が低い風土であることが
推察されるという。

　子どもが安心して率直に意見交換できるためには，学級内の規律が守られ，
自然な自己開示ができる人間関係が必要であるだろう。教師には学級につい

教育評価
——学習のアセスメント

　教育活動は，教える者（教師）が学ぶ者（児童生徒）に対して指導・援助することである。たとえば，学校の教師は，学習指導要領にもとづき，指導・援助の結果として変容することが想定される児童生徒の態度や認知・行動等を目標として設定する。教育評価は，児童生徒がこの目標を達成できたか否かを教師が判定するための理論と方法である。

　近年，学校はもちろん，社会においても説明責任（アカウンタビリティ）という言葉が頻繁に用いられるようになった。この言葉は，教育評価では，一人ひとりの児童生徒の教育評価の結果，すなわち学習の成果（成績）がどのような手続きを経て示されたものなのかを，教師（学校）が当該の児童生徒に対して説明する責任を負うことを意味する。したがって，とくに教師やこれから教師をめざす者は，説明責任を果たせるよう教育評価の理論と方法を理解しておく必要がある。

8.1　教育評価の意義

8.1.1　教育心理学における教育評価の動向

　教育評価は，従来から教育心理学の領域の一つとして，とくに教員養成や教職者を対象とした教育心理学書では必ず含まれていた。その中で教育評価は，発達，学習，パーソナリティ・社会，と並んで取り上げられ，教育心理学の4本柱と言われた時代もあった（福沢ら，1980）。そのため，日本の教育心理学書では，従来から「教育評価」という用語を章題として用いているものが多い。

　欧米の教育心理学書をみると，日本と同様，2000年以前は教育評価を表す"evaluation"が用いられることが多かった。しかし，2000年以降では，

この用語を包括し，より広い意味をもつ"assessment"を用いることが多くなった。たとえば，世界の教育心理学の動向を示す『*Handbook of Educational Psychology*』をみると，ベールリナーとカルフィー（Berliner & Calfee, 1996）の初版では"School and Program Evaluation"（29章）であったのが，アレクサンダーとウィニー（Alexander & Winne, 2006）の第2版から，第8部（39～41章）"Assessment of Learning, Development, and Teaching"に変更されている。したがって，世界の動向は，教育評価からアセスメントへ転換が進んでいるといえるだろう。それを踏まえて，本章の副題には，「学習のアセスメント」が付されているのである。

8.1.2　教育評価と教育測定

　教育評価に関連する用語は，表8.1に示したとおりである。これを見ると，「評価」「測定」「検査」といった用語を含む包括的な概念が**アセスメント**であることがわかる。したがって，教育評価という用語を考察するにあたっては，**教育測定**との異同についてより深く理解しておくことが大切である。

　「教育評価」と「教育測定」の違いについては，続（1973）の説明が参考になる。すなわち，教育測定は「一定の規則に従って，観察された事象に対して数量を付与する操作」と定義することができる。その上で続（1973）は，評価について2つの意味があることを指摘している。一つは**値踏み**（valuation），もう一つは**価値判断**（evaluation）である。後者は価値基準が普通一般に認められているというのではなく，追求する目標に応じて，その基準も変動するところに特徴がある（図8.1）。つまり，評価は目標追求過程の一部分であるので「指導のための評価」であるとしている。この考え方は，現在の教育評価の中核である「指導と評価の一体化」につらなるものである。この意味から，教育評価は「学習者一人ひとりの成長・発達を目的として行われる営み」であるといってもよいであろう。

　また，教育評価は，教育活動が行われるさまざまな場面で利用される。教育活動は，学校教育の場面ではもちろん，企業内教育，学校の教育課程を含

表 8.1　教育評価に関する用語

用　語	意　味
評　価 (evaluation)	教育場面でのテスト等の結果を目標に照らして学習者がどの程度達成できたか判定すること
測　定 (measurement)	学習者の知識や技能を尺度を用いて数量化すること
検　査 (testing)	学習者の行動や認知に関する数量的情報を得るための標準化がなされた道具のこと
アセスメント (assessment)	学習者の成長・発達を促すための意思決定に関わるすべてのプロセス（Moreno, 2010） 学習者についての情報を集めるプロセスを記述するために用いる幅広い意味をもつ用語（Woolfolk, 2008）

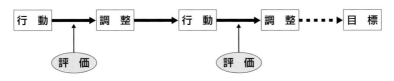

図 8.1　**目標追求過程における評価の役割**（続, 1973）

まない社会教育の場面まで広く行われている。それらの場面では，それぞれの教育目的に応じて評価が行われ，教育の成果を上げるために利用されている。

8.1.3　教育評価の目的

　教育評価の目的としては，以下にあげる 4 つがある。

1. 指 導 目 的

　教師は自らが行った授業において，学習者である子どもが授業内容のどこを理解できて，どこを理解できなかったのかの情報を得て，授業計画や指導法を改善して指導に活かすことができる。このように指導者の行う指導の計

画や指導方法の選択と決定に関するフィードバック情報を得るのが教育評価の指導目的である。

2. 学習目的

学習者である子ども一人ひとりに対してフィードバックされる評価情報は，子ども自身にとっては授業内容のどこができてどこができていないのかを理解することで，自分の学習の目的を再認識し，どこにポイントをおいて学習したらよいかの自己改善に活かすことができる。このように学習者の学習活動の自己調整を図るのが教育評価の学習目的である。

3. 管理目的

学校では，学年末の総括的評価の結果は，指導要録に記録され保管される。これは，学習者である子どもが転校や進学の際，成績を証明する原簿となり，その成績は配置や選抜の資料となる。このように，選抜，配置，証明などに資することが教育評価の管理目的である。

4. 研究目的

学校では教育目標の検討，指導計画（カリキュラム）や指導方法の改善等を目的として，子どもの実態調査や指導効果等の測定を行う。このように，指導，学習，管理の目的との関連も踏まえつつ，望ましい指導計画や指導方法の検討を行うのが教育評価の研究目的である。

いずれの目的で教育評価を行うかにより，その方法と結果の解釈が異なってくる。最近では次の6つが指摘されている（Slavin, 2010）。

①生徒へのフィードバック

②教師へのフィードバック

③保護者へのフィードバック

④選抜と保証

⑤説明責任

⑥生徒の努力への動機づけ

前述の「教育評価の目的」との関係をみると，①と⑥が学習目的，②が指導目的，④が管理目的と重なる。③の保護者へのフィードバックは，学力向

上において重視される「学校と家庭の連携」につながる。また，⑤の**説明責任（アカウンタビリティ）**も，近年，学校に求められる重要な要素となっている。説明責任は，1960年代以降のアメリカの教育改革の中で，とくに教育投資に見合うだけの成果を教育のシステムやプログラムが上げているかという観点から導入されたものである（浅沼，2006）。日本においては学校評議員制度のように外部評価の一つのあり方として注目されてきた。教育評価においては，平成14（2002）年の学習指導要領において，学校の目的とその目指すべき子どもの変化を「行動」の形で言い換えることにより，その到達度を図る評価である目標準拠評価（絶対評価）が導入されると同時に注目されるようになった。

8.2 教育評価の種類と方法

　教育評価を行うためには，そのための道具，つまり評価用具が必要である。たとえば，評価のための測定装置，テスト用紙，観察結果の記録用紙，などである。それらは，評価の特徴により使い方が異なる。いつ用いるのか（評価の時期），誰が用いるのか（評価者），誰に用いるのか（評価対象）により変わってくる。

8.2.1　評価の時期

1. 事前評価（診断的評価）

　指導に先立って行う評価を**事前評価**と呼ぶ。その目的は，学習活動に必要な学習者の準備状態，つまり，学習者のレディネスを指導者が理解し，必要があれば授業の初めに復習等の工夫をすることにある。他方，学習者にとっては，新しい内容の学習に必要な事項の点検にも利用できる。

　ブルームら（Bloom et al., 1971）は，この機能をもつ評価を**診断的評価**と呼んでいる。

2. 事中評価（形成的評価）

　指導の途中で行う評価を**事中評価**と呼ぶ。その目的は指導者にとっては自らが行った指導がどの程度，学習者に理解されているか，習得の状況はどうかを把握し，即時的な指導改善を図ることにある。他方，学習者にとっては，指導者による指導内容の何が理解でき，何が理解できなかったかを把握することにある。指導に活かす評価として今日，重視されている評価である。

　ブルームら（1971）は，この機能をもつ評価を**形成的評価**と呼んでいる。

3. 事後評価（総括的評価）

　指導が完了した後，指導した内容の習得状況をみる評価が**事後評価**である。その機能は，指導者にとっては，所期の目的がどの程度達成できたかといった実現状況を明らかにし，今後の指導計画や指導方法の改善に役立てる**指導機能**と，成績の決定や進学・就職等の認定の資料とする**管理機能**がある。

　ブルームら（1971）は，この機能をもつ評価を**総括的評価**と呼んでいる。

8.2.2　評価の主体と対象

　誰が評価者となり，誰が被評価者となるかによっても，評価方法は分類できる。

1. 他者評価

　評価者と被評価者が別人であるときを**他者評価**と呼ぶ。たとえば，学習者である子どもを，それ以外の他者である教師や保護者が評価するときなどである。通常，「教育評価」というときは，この評価をさしている。

2. 自己評価

　評価者と被評価者が同一人であるときを**自己評価**と呼ぶ。たとえば，学習者である子どもが，自らの学習成果を評価するときなどである。これは学習者自身による**振り返り（リフレクション）**といってもよい。学習者が自分自身の理解の状態を認識し，改善・調整できるので，学習意欲を高め，理解の促進に役立つとされる。他方，自己評価能力を高めるため，自己学習能力が身につく。しかし，評価する者の評価能力が未熟な場合，たとえば，小学校

低学年以下の子どもの場合などでは，ややもすると信頼性や客観性を欠き，主観的になりやすいので注意が必要である。

3. 相 互 評 価

　学習者自身が互いに他者評価を行うことを**相互評価**と呼ぶ。仲間による評価といってもよい。社会的地位の上下関係のない所属集団内の仲間による評価であるため，比較的信頼性が高い。パーソナリティ，行動，態度，技能の評価に適している。

8.2.3　評価基準の意義

　人が何かを評価しようとするとき，「何が」「どの程度」のように，2つの側面から評価しようとしている。このように，評価を行う照合の枠組み（解釈方法）には，「何を評価するのか」という質的な判断の根拠と，「どの程度であるか」という量的な判断の根拠の2つが必要である。

　前者の「質的な判断の根拠」は，たとえば，算数であれば「割り算の計算ができる」といった評価対象となる目標である。後者の「量的な判断の根拠」とは，たとえば，「割り算」についてであれば，「素早く正確にできる」「だいたい正確にできる」といった目標実現の量的な水準で示すこともあるし，「クラスで一番できる」「ふつう程度にできる」といった集団の中の位置で示すこともある。この質的・量的な2つの根拠を合わせて「何が，どの程度できる」と解釈することができる。

　前者の質的な判断の根拠は，学習評価であれば教育目標を用いるが，これを**規準**（criterion）という。後者の量的な判断の根拠を**基準**（standard）という。絶対評価であれ相対評価であれ，まずは「規準」がなければならないが，両者は「基準」のあり方が異なるのである（図8.2）。

　相対評価における基準（**集団基準**）は，集団の代表値とそこからの距離（あるいは単純に集団における順位）を用いる。たとえば，上位7％に入る成績であれば「5」というように，集団における相対的な位置によって評定する（図8.2，図8.3）。

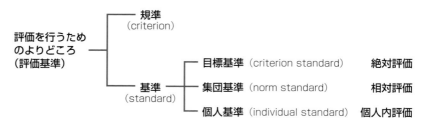

図 8.2　教育評価における「規準」と「基準」の関係

　これに対して，絶対評価における基準（**目標基準**）は，集団の代表値などとは関係なく，目標実現の度合いによって設定される。広く使われるものは正答率である。たとえば，あるテストを実施して，正答率が70％以上であれば「十分満足できる（A）」，50％以上70％未満であれば「おおむね満足できる（B）」，50％未満であれば「努力を要する（C）」と評定する。絶対評価では，Aは何人いてもよいのである。

　要するに，相対評価，絶対評価という評価方法（解釈方法）の違いは，この「基準」の違いということになる。なお「規準」と「基準」の両者を含めて表現する場合には，**評価基準**を用いるのがふつうである。

8.2.4　評価基準の種類と方法

1.　相　対　評　価

　相対評価とは，個人の成績が所属集団全体の中で占める相対的位置をみる評価方法である。そのために集団基準（**図8.2**参照）を用いることから，**集団基準準拠評価**とも呼ばれる。集団基準としては，標準学力検査のように，全国の同一学年の母集団を代表とする標本集団の成績分布を用いる場合や，その子どもが所属する学級ないしは学年の成績分布を用いる場合がある。評価結果の示し方には，順位（序列），パーセンタイル順位，偏差値，段階評定値（5段階評定など）があるが，**図8.3**をみると，これらの尺度がそれぞ

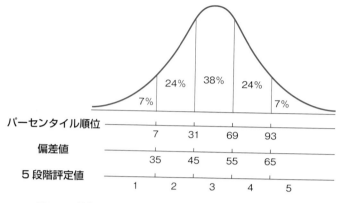

図 8.3　得点が正規分布しているときの集団基準間の関係

れどのような関係にあるかがわかる。

　相対評価によって示される一人ひとりの評価基準は，所属集団の影響を受ける。たとえば，集団の中での個人の得点は，平均値などの代表値を中心として釣り鐘状の曲線を描く正規分布となることが知られている（図 8.3）。母集団の人数が多いほど正規分布に近づくが，母集団の人数が少ないときはそうではない。小学校では，ふつう 30 人前後の子どもからなる学級単位で評価を行うことになるので，成績が「正規分布」に近づくことはまれである。たとえば，クラスの子ども全員の学習成果が優れていれば，得点分布は得点の高いほうに偏る。したがって，ある子どもが努力して目標に対して成果を上げたとしても，クラス全体が努力して成果を上げれば，順位は変わらないため，引き続き「3」や「2」のままである。そのため，子どもの学習意欲をいかに持続させるか，が課題となる。

　相対評価を小集団に適用する場合には以上のような課題もあるが，相対評価は，集団内における一人ひとりの子どもの順位づけには適しており，誰が評価しても客観的な評価結果が得られる。そのため，選抜を目的とする入学

試験等では有効である。また，子どもが，自分の相対的な位置を知ることは，客観的な自己理解をする上で必要である。

しかし，その反面，相対評価は，序列化や競争心をあおりかねない側面もある。また，一人ひとりの子どもがどの程度，教育目標を実現しているか，どれくらい成長したかを示すときには適さないといった特徴をもつ。

2. 絶対評価

絶対評価とは，量的な判断の根拠としての基準を，目標への到達の程度（到達度）におく評価方法である。この意味から**到達度評価**と呼ぶこともある。教育測定の立場からは，目標基準（**図8.2**参照）に準拠した評価で**目標基準準拠評価**，一般には，それを省略して「目標準拠評価」と呼ぶこともある。

絶対評価は，歴史的にみると，主観的評価で始まった。すなわち，「規準」も「基準」も明確にしないまま，教師の主観的な判断によって，たとえば優・良・可・不可と評定する評価を行っていた。この主観的な絶対評価は，客観性に欠けるばかりでなく，評価者である教師の権威が必要以上に大きくなるという弊害も見られた。

その後，評価の客観性が求められ，前項の相対評価全盛の時代が続いた。同時に，絶対評価の客観性を確保する手順に関する研究も進んだ。その一つがブルームら（1971）による学校教育を対象とした「教育目標の分類学」とそれを用いた**形成的評価**の提案，およびそれを活用した**完全習得学習**の理論である。前者は「学力」を大きく「認知的領域」「情意的領域」「精神運動的領域」に分けている。たとえば精神運動的領域では，これを知識・理解・分析・総合・評価と分類し，さらにそれぞれを下位概念に分類していくものである。また，日本の学校教育においては，橋本重治らによって学力の分類が独自に行われてきた。今日，後述する観点別評価において，各教科とも基本的には「関心・意欲・態度」「思考・判断」「技能・表現」「知識・理解」の4観点を評価するのは，この分類にもとづくものであり，学校教育における子どもの学力をこの4つの側面からとらえようというものである。

こうして教育目標を各教科の内容の要素を入れて次第に小さな具体的目標にくだいていくことを**教育目標の具体化**という。最終的には，たとえば「○○を説明することができる」というように，外部から評価できるよう行動目標の形に記述しておくのである。絶対評価は目標への到達度（目標実現の水準）をみるものであるから，何よりもまず，このように「目標（規準）」を明確にする必要がある。

　絶対評価の客観性を保証するもう一つの研究は，「基準」の明確化に関するものである。目標準拠評価による標準学力検査の開発もその一つである。また，テストによらない基準，たとえば，行動観察等から総合的に判断する際の基準では，後述する「ルーブリック」を用いる方法がある。これは，判定の段階にあてはまる行動特徴等を文章で記述する，一種の評定尺度である。

　絶対評価の長所の一つは，他の子どもと比べないという点にある。どの子どもも努力しても目標を達成すれば，クラスの成員（子どもの人数）と関係なく評価される。とくに授業過程における小テストや行動観察などでは子ども自身の「できた・できない」が重要であって，他の子どもと比べる必要がないのである。反面，長期にわたる総括的な評価となると，評価の客観性を保証するのが難しく，進学等の選抜資料として利用する場合は，学校間の基準の差が問題となる。

3.　個人内評価

　個人内評価は，評価の基準を一人ひとりの子どもの個人基準におく評価である（**図 8.2** 参照）。個人内評価には 2 つの側面がある。一つは「縦断的個人内評価」である。これは「進歩の評価」といってもよい。たとえば，被評価者である子どもが以前と比べてどれくらい進歩したか，をみる場合が相当する。もう一つは「横断的個人内評価」である。たとえば，1 人の子どもの中で，どの教科が得意でどの教科が不得意かといった個人のプロフィールで評価する場合が相当する（**図 8.4**）。

　この評価の長所としては，他者との比較ではなく個人の努力や進歩を評価できる点にある。その子なりの良さを評価できるなど，個性尊重の評価とし

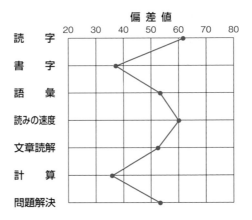

図 8.4　個人内評価のプロフィール（橋本，2003）

ての教育的意義が高く，子どもが自分自身で評価する「自己評価」にも適している。この評価技法は，子どもが自分のペースで自己成長を図る習慣が身につく反面，この評価だけを用いた場合，一人よがりとなったり，自己満足に陥ることもある。

8.3　評価のためのデータ（資料）収集の方法

8.3.1　教育評価の一般的手順

　教育評価の一般的手順は，図 8.5 のように示すことができる。この手順の中の「評価資料の収集」では，まず評価資料の収集場面（観察場面と試験場面）を設定し，次にいま評価しようとする目標にもっともよく適合し，信頼できる評価用具を選択したり，自分で作成したりして評価を実施する。

　この評価用具の代表的なものは「テスト法」と「観察法」であるが，従来から，学習の評価ではテスト法に偏ってきたきらいがある。その結果，学校教育において重視される学力もテストで評価しやすい知識・理解ばかりを見

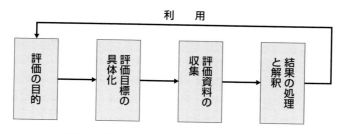

図 8.5　教育評価の一般的手順 （橋本，2003）

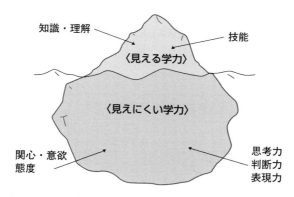

図 8.6　海面に浮かぶ氷山としての総合学力 （梶田，1994）

てきたのではないかという批判がある。学力には，知識・理解，技能のように「見える学力」と，関心・意欲・態度や思考力・判断力のように「見えにくい学力」があるからである （図 8.6）。

　見える学力については，ペーパーテストでも測定できるが，見えにくい学力を測定するには，多様な評価技法を利用する必要がある （表 8.2）。学校教育においては，2017 年告示 （高等学校は 2018 年告示） の学習指導要領から，学校教育法第 30 条第 2 項にもとづき，生涯にわたり学習の基盤が培われるよう，基礎的な知識及び技能を習得させるとともに，これらを活用して課題を解決するために必要な思考力，判断力，表現力その他の能力をはぐく

表 8.2 評価技法の種類と測定可能な内容

評価技法	内　　容
観 察 法	日常の学習・生活場面で子どもの具体的な行動を観察し，評価する方法
評 定 法	観察にもとづいて設定した結果を何らかの形で数値化して表現する方法
評定尺度法	評定法の種類。点数・図式・文章表現等で 2〜7 段階尺度に表現する
客観テスト	誰がいつ採点しても同じ結果が得られるように工夫されたテスト
論文体テスト	「○○について論ぜよ」形式で文章記述によって解答させるテスト
問題場面テスト	教科書にないような問題解決場面を与えて解答させるテスト
質 問 紙 法	調査目的に合わせて構成した質問項目に素直な回答を求める方法
チェックリスト	観察項目を定めて名簿等に観察結果を素早くチェックで記入する表
ゲスフーテスト	集団の成員の行動特性などを「元気な子は誰」のように問うテスト

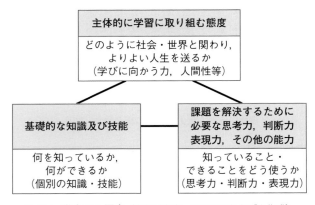

図 8.7　学力の 3 要素（文部科学省，2015にもとづき作成）

み，主体的に学習に取り組む態度を養うことになった。さらに，それらの育成を目指す資質・能力の 3 つの柱を「学力の 3 要素」として整理している（図 8.7）。それに伴い観点別学習状況の評価の観点も表 8.3 に示すように整理された。

表 8.3 観点別評価の各観点に対応した評価技法

知識・技能	【評価内容】 ○個別の知識・技能の習得状況。 ○それらを既有知識及び技能と関連づけたり，活用したりする中で，概念等として理解したり，技能を習得したりしているか。 【評価技法】 客観テスト（単純再生法，選択法，組み合わせ法，真偽法，訂正法，完成法），論文体テスト，問題場面テスト，観察法，パフォーマンス評価，等。
思考・判断・表現	【評価内容】 ○各教科等の知識及び技能を活用して課題を解決する等のために必要な思考力，判断力，表現力等を身につけているか。 【評価技法】 論文体テスト，問題場面テスト，観察法（チェックリスト），作品評価（評定尺度法），ポートフォリオ評価（ルーブリック評価），等。
主体的に学習に取り組む態度	【評価内容】 ○個人内評価等（児童一人ひとりの良い点や可能性，進歩の状況） ○知識及び技能を獲得したり，思考力，判断力，表現力を身につけたりする中で，自らの学習を調整しようとしているか。 【評価技法】 観察法（チェックリスト），評定法，質問紙法，ポートフォリオ評価（ルーブリック評価），等。

（注）「評価内容」は文部科学省初等中等教育局教育課程課（2020）にもとづく。

8.3.2 テスト法

テストは，大きく「教師作成テスト」と「市販テスト」に分けて考えることができる。

教師作成テストは，教師が自分の指導した内容を学習者（子ども）がどれだけ身に付けているかを確認する目的で作問するものである。学校教育では，中間テストや期末テストといった形で実施されることが多い。

他方，市販テストは，教材会社で販売されている教科書準拠のテストや漢

字や計算などドリル形式のテストをさす。

　そのほか，学校教育の場面では，「標準検査」と呼ばれるテストもある。標準検査には，前述の絶対評価形式の目標準拠評価による標準学力調査と，全国の同学年集団の中での相対的位置をみる集団準拠評価による標準学力検査がある。ここで「標準」とは「標準化」の意味である。標準化とは，テスト作成の手続きを表す用語で，検査や測定結果の比較解釈を可能にするために，その手続き，基準，尺度を一定に規定する過程を意味する。これにより，異なった時点や場所であっても検査や測定を正確に同じ手続きで実施できるようになる。

8.4 新しい評価法の展開と課題

　教育心理学が開発してきたテスト法に代わって，近年，教育学の領域から新しい評価方法が提案され，急速に学校教育や社会教育の場に広がりつつあるものとして，「ポートフォリオ評価」と「パフォーマンス評価」がある。

　その背景には，「テストが測っている学力はほんとうの学力ではない」「実生活にも通用するほんとうの学力を評価すべきだ」という考え方の台頭がある。これは真正評価として知られているものである。

8.4.1 ポートフォリオ評価

　「ポートフォリオ」とは，元来，デザイナーや写真家たちが自分の作品や関連資料をまとめたファイルのことである。学校教育では，子どもが授業中に作成した作品，作文，調べ学習のレポート，ペーパーテストの答案用紙などから，それらに対する教師のコメントまで，子どもの学習の足跡を示すファイルをポートフォリオと呼んでいる。子どもは，このファイルをもとに，教師と目標や評価基準を共有しながら，対話の中で自分の学習を振り返り，意義ある成果を確認したり，新たな課題を見出していく。ファイルの内容は，より意義のあるものや改善されたものに差し替えることもある。それによっ

近年では携帯電話やインターネットを使用したネットいじめの問題も深刻化している。日本の児童生徒を対象としたネットいじめの実態調査をまとめた下田（2014）では，ネットいじめの被害率は0〜14.5％，加害率は0.1〜15.7％と報告されているが，調査項目の内容や経験を問う期間によって調査間にばらつきがある。ネットいじめの実態把握において，加納（2016）は少なくともネットいじめの全貌，投稿，噂，脅迫，なりすまし，の5つを問うことが欠かせないとし，具体的な項目を提案している。

　加害者と**被害者**の関係は，同じ学級の子どもであることが多く，その傾向は小学校から中学校にかけて減少し，中学校では学級の違う同学年の子どもからのいじめが増加している。さらに，いじめ行為以前にはきわめて親密であったケースが約50％を占めていた（森田ら，1999）。

　いじめは加害者と被害者の関係でとらえられることが多いが，現実にはこの二者に，いじめを面白がって見ている子どもたち（**観衆**），見て見ぬふりをしている子どもたち（**傍観者**）も密接に絡まりあった中で起こっている。観衆や傍観者は常に被害者に回る可能性があり，時には加害者になることもある。これはいじめ集団の**四層構造**（森田・清永，1994）と呼ばれており，いじめ現象を理解する上で重要な視点である。実際にいじめを見たり聞いたりしたときの行動では，見て見ぬふりをする傍観者的態度の子どもが40％以上存在し，やめるように注意した子ども（約25％）よりも多かった（森田ら，1999）。

　このような集団に焦点を当てた研究から，いじめには学級の雰囲気や規範意識も影響していることが示されている。森田ら（1999）によれば，問題のある学級イメージ（「クラスのみんなと調子をあわせないときらわれると思っている人が多い」など）が強いほどいじめの経験の割合が高くなり，とくに加害経験に顕著な差が見られた。また，いじめられたときには積極的に抵抗したほうがいじめの継続期間も短い（森田ら，1999）。さらに，いじめに否定的な学級規範を意識している小中学生はいじめ行為への罪悪感の予期がいじめを抑制し（大西ら，2009），いじめ加害をしている中学生がいじめを

やめることには道徳・共感的理由（「いじめはよくないことだから」など）がとくに関連している（本間，2003）。つまり，あたたかい人間関係があり，いじめに明確に抵抗し，いじめを認めない学級集団を形成することがいじめの予防や深刻化の阻止のために重要であると考えられる。

また，中学生のいじめ被害者，いじめ加害者の心理的ストレスに関して，岡安・高山（2000）は約7,000名の生徒を対象に大規模な調査を行っている。その結果から，いじめの被害者も加害者も心理的ストレスが高く，両者ともに心のケアが必要であることが指摘されている。

9.4 非行・暴力行為

少年法では非行少年を以下のように定義している。
- 犯罪少年：第3条1　罪を犯した少年
- 触法少年：第3条2　14歳に満たないで刑罰法令に触れる行為をした少年
- 虞犯少年：第3条3　次に掲げる事由があって，その性格又は環境に照して，将来，罪を犯し，又は刑罰法令に触れる行為をする虞のある少年
  - イ．保護者の正当な監督に服しない性癖のあること。
  - ロ．正当の理由がなく家屋に寄り附かないこと。
  - ハ．犯罪性のある人若しくは不道徳な人と交際し，又はいかがわしい場所に出入すること。
  - ニ．自己又は他人の徳性を害する行為をする性癖のあること。

なお，少年法の「少年」とは20歳に満たない者のことであり，令和4（2022）年4月1日に施行される改正少年法では18歳以上の少年は「特定少年」とされる。

統計データから非行をとらえることの難しさの一つに，非行が発覚しなかった場合に加えて，発覚しても警察に通報されることなく叱責や非難によってすんだ場合などが含まれないことがあげられる（大場，2007）。非行としてではなく，暴力行為に関する文部科学省（2020）の調査結果は表9.2のと

表 9.2　近年の暴力行為の発生件数 (文部科学省，2020)

単位：件

区　分	小 学 校		中 学 校		高 等 学 校	
	学校の管理下	学校の管理下以外	学校の管理下	学校の管理下以外	学校の管理下	学校の管理下以外
平成 28 年度	21,605	1,236	28,690	1,458	5,955	500
平成 29 年度	26,864	1,451	27,389	1,313	5,944	364
平成 30 年度	34,867	1,664	28,089	1,231	6,674	410
令和元年度	41,794	1,820	27,388	1,130	6,245	410

おりである。なお，ここでいう暴力行為とは，「自校の児童生徒が，故意に有形力（目に見える物理的な力）を加える行為」であり，「当該暴力行為によってけががあるかないかといったことや，けがによる病院の診断書，被害者による警察への被害届の有無などにかかわらず」，暴力行為に該当するものを対象としている（文部科学省，2020）。**表 9.2** に示されるように，暴力行為はとくに中学校で発生する件数が近年大きく増加している。

　文部科学省（2010）であげられている非行の特徴として，初発年齢の早い非行（小学校時代から盗みをしているなど）の場合，虐待などの家庭の大きな問題や資質面での課題が疑われ，容易に改善しづらいとされる。また，家庭や資質面で大きな問題がうかがえない児童生徒も思春期・青年期に入ると第二次性徴，進学に伴う環境や友人関係の変化，進路の課題や迷いなどと関連する精神的な不安定さや挫折体験によって非行に及ぶことがある。さらに，目立たない児童生徒が突然非行を起こす場合には，保護者や教師に気づかれないまま家庭や学校生活にストレスを抱え，限界に達したという可能性もある。

　非行は心理学に限らず，多くの学問分野で研究されている。朝比奈（2007）は多様な非行・犯罪理論を 3 つに分類している。第 1 に，刑事政策的理論であり，主として犯罪を効果的に防ぐ司法制度に焦点を当てたもので

ある。第2に，社会学的理論であり，主として犯罪が起こる社会の仕組みに焦点を当てたものである。第3に，主として犯罪を行った，あるいは行う可能性の高い個人に焦点を当てた生物学的・心理学的理論である。日本の中学生の非行に関する近年の心理学的研究（小保方・無藤，2006；西野ら，2009）からは，非行の開始には友人や家庭といった環境の要因と個人の要因の双方が影響し，とくに逸脱した友人の存在は非行の深化にも影響を与えることが示されている。

9.5 学級の荒れ・学級崩壊

　河村（1999）は，学級崩壊を「教師が学級集団を単位として授業や活動を展開することが不可能になった状態，集団の秩序を喪失した状態」とし，教師の学級経営観とリーダーシップ，集団形成の仕方の関連から学級崩壊のプロセスを明らかにしている。それらは反抗型となれあい型と呼ばれる（河村，1999，2000；図9.3）。反対に崩壊しない学級では，教師が指導と援助を統合して強いリーダーシップを発揮し，集団の形成も子ども同士のつながりから徐々に拡大していくため，子どもの居場所となる学級をつくりあげる（河村，1999）。

　学級の荒れの問題は，教師と問題行動を示す特定の児童生徒との二者関係で理解するよりも，周囲の児童生徒などを含めた三者以上の関係の中で考える必要がある（加藤・大久保，2009）。実際に，加藤・大久保（2006）は，困難学級（生徒の多くが学級の荒れを認知し，教師も荒れを認知している学級）の生徒のほうが通常学級の生徒よりも不良少年の活動を肯定的に評価し，不良少年に対する否定的感情が低く，関係を求める傾向が高いことを明らかにした。さらに，通常学級では特定の生徒が問題行動を起こしてもそれが集団化しないことを示唆している。

	反抗型 指導に偏るタイプの教師	**なれあい型** 援助に偏るタイプの教師
初期	【子どものやる気の低下】 ・教師の指導への不満 ・子どもの地位の階層の形成 ・子どものけんかや言い争いの増加	【子どものなれあい，ルールの崩壊】 ・ルールが未定着（特例を認めるなど） ・責任感の低下（係活動，学習活動など） ・教師の気を引こうとする子どもの増加
中期	【トラブルの増加，ルールの崩壊】 ・子どものけんかや言い争いの増加 ・学級のルールを破ることでの反抗 ・対応できない教師への失望	【「ひいきだ」という反抗】 ・子どもグループ間の対立，仲間外し ・攻撃を恐れ，目立つことの回避 ・教師への信頼の低下

中期の特徴
・人間関係が崩れて緊張し，学級のルールが無視されていき，個人が勝手な行動をし始める。
・教師に反抗して楽しんでいるのは一部の子どもであるが，学級内の秩序がなくなり，いつか自分たちがいじめられるという不安があり，高いストレス状態にある。

| **末期** | ・強い指導の無効化
・グループによる教師への反抗
・けんか，いじめ，不登校の増加
・学級への嫌悪感を抱く子どもの増加 | ・子どもの絶え間ないトラブルの報告
・教師の対応の限界
・教師に反抗することによる子どもの団結 |

学級崩壊の状態＝【先生無視，刹那的で享楽的な学級】
・子どもが自分の不安を軽減しようとするが，学級生活の見通しがもてないので刹那的，享楽的な楽しさを求める（授業中の私語，遊び，教師に反抗して打ち負かして楽しむ，など）。
・学級生活に不満をもつ子どもが6～7割に達すると，同調しようとするために学級崩壊が一気に進む。

図 9.3　**学級崩壊のプロセス**（河村，1999，2000 より作成）

9.6 学校の危機

学校の**危機**（crisis）は，以下の3つのレベルに分類できる（上地，2003）。

①**個人レベルの危機**：不登校，家出，虐待，性的被害，家庭崩壊，自殺企図，病気，など。

【対応】教師や保護者および専門家等による当該児童生徒および教師への個別的危機対応の支援が求められる。

②**学校レベルの危機**：いじめ，学級崩壊，校内暴力，校内事故，集団薬物乱用，集団食中毒，教師のバーンアウト，など。

【対応】学校の教師，児童生徒，保護者を含めた全体の協力体制の下での危機対応を講ずる必要がある。

③**地域社会レベルの危機**：殺傷事件，自然災害（大震災），火災（放火），公害，誘拐・脅迫事件，窃盗・暴力事件，IT被害，教師の不祥事，など。

【対応】学外の救援専門機関や地域社会の人々の迅速な連携の下に支援を要請し対応することが望まれる。

本節では，近年とくに早急な取組みが期待され，実際に取り組まれている自殺，虐待，危機時の身体的・心理的反応について取り上げる。

9.6.1 自 殺

平成18（2006）年に**自殺対策基本法**が成立し（平成28（2016）年に改正），自殺は国のレベルでの対策が進められており，未成年も含めたライフサイクルに沿った**自殺予防**なども重要な課題である（高橋，2009）。

「自殺総合対策大綱」（平成29年7月25日閣議決定）の第3の3では「（前略）学校において，命や暮らしの危機に直面したとき，誰にどうやって助けを求めればよいかの具体的かつ実践的な方法を学ぶと同時に，つらいときや苦しいときには助けを求めてもよいということを学ぶ教育（**SOSの出し方に関する教育**）を推進する。（中略）また，SOSの出し方に関する教育と併せて，孤立を防ぐための居場所づくり等を推進していく。」と記載され，

表 9.5　**教育領域における代表的な発達障害の定義**（文部省，1999；
文部科学省，2003b をもとに作成）

学習障害（LD）
学習障害とは，基本的には全般的な知的発達に遅れはないが，聞く，話す，読む，書く，計算する又は推論する能力のうち特定のものの習得と使用に著しい困難を示す様々な状態を指すものである。学習障害は，その原因として，中枢神経系に何らかの機能障害があると推定されるが，視覚障害，聴覚障害，知的障害，情緒障害などの障害や，環境的な要因が直接の原因となるものではない。

注意欠如/多動性障害（ADHD）
ADHD とは，年齢あるいは発達に不釣り合いな注意力，及び／又は衝動性，多動性を特徴とする行動の障害で，社会的な活動や学業の機能に支障をきたすものである。また，7 歳以前に現れ，その状態が継続し，中枢神経系に何らかの要因による機能不全があると推定される。

高機能自閉症（HFA）
高機能自閉症とは，3 歳位までに現れ，他人との社会的関係の形成の困難さ，言葉の発達の遅れ，興味や関心が狭く特定のものにこだわることを特徴とする行動の障害である。また，中枢神経系に何らかの要因による機能不全があると推定される。

表 9.6　**学習障害（LD）の基本症状**（宮本，2005 より作成）

聞くことの障害	話しことばの音の弁別が上手くできない。話された言葉が理解できず，単語レベル，文章レベルで文字で示されると理解できる，など。
話すことの障害	統語の障害と語彙不足。筋道立てて話すことができない，まとまった文章で話すことができない，など。
読むことの障害	文字・単語レベルで発音できない。文章の読みにおいて文字や単語を抜かして読む，など。
書くことの障害	文字レベルで書けない，あるいは単語のつづりが書けない。誤った単語を書く，単語の中に誤った文字がまじる，など。
計算することの障害	位取りの理解ができない。繰り上がり，繰り下がりが理解できない，九九を暗記しても計算に使えない，など。
推論することの障害	直接示されていない事柄を推測することができない。算数の応用問題・証明問題・図形問題が苦手，因果関係の理解・説明が苦手，など。

表9.7　**注意欠如/多動性障害（ADHD）の基本症状** (司馬，2010より作成)

不注意	物をよくなくし，忘れものも多い。何をどこに置いたかをすぐ忘れ，いつも探し物をしている。授業中に課題を与えられても取りかかりが遅い，など。
多動性	じっとしていられず，授業中や食事中もすぐ席を立ってウロウロしてしまう。手や足で何かをいじったり，物音をたてたりすることが多い，など。
衝動性	順番を待てない。みんなが列を作って順番を待っているときも，列に並ぶことができず，割り込んで先にやりたがる。授業中でも，先生からの質問が終わる前に答えを言ったり，あてられてもいないのに答えを言ったりする，など。

　発達障害の診断に関わらず，通常の学級に在籍する特別な教育的支援を必要とする児童生徒数に関して担任教師を対象に行った調査では（文部科学省，2012），小・中学生の52,272人の中で知的発達に遅れはないものの，学習面で著しい困難を示す児童生徒（「聞く」「話す」「読む」「書く」「計算する」「推論する」の1つあるいは複数で著しい困難を示す）が4.5％，行動面で著しい困難を示す児童生徒（「不注意」「多動性―衝動性」「対人関係やこだわり等」の1つか複数で著しい困難を示す）が3.6％，学習面と行動面ともに著しい困難を示す児童生徒が1.6％であり，全体では6.5％であった。この結果は担任教師による回答にもとづくものであり医師による診断結果ではないため，教師から見て学習面や行動面に困難さを抱える児童生徒数として理解できる。学校には社会的障壁の除去のために合理的配慮をすることが求められている。

9.7.2　精神障害

　本項では主に不安とうつに関して，DSM-5（アメリカ精神医学会，2013）をもとに子どもに見られる**精神障害**をいくつか取り上げる。なお，不安や落ち込みを感じることは誰にでもあり，それら自体は問題ではない。しかし，不安や落ち込みが強すぎるために学校に行けないなど日常生活に支障をきたすよ

うになると治療や改善の必要性が生じ得る。

　子どもの不安に関連する障害として，**分離不安症**は家庭または愛着をもっている重要な人（親や養育者）からの分離に対する反復的で過剰な苦痛や心配を主な症状とする（American Psychiatric Association, 2015 滝沢訳 2016）。家から離れることを極端に怖がり，母親から無理やり引き離されると元気がなくなり，無感情や悲哀感を示し，遊びにまったく集中できなくなるといった特徴が見られ，幼稚園児の登園拒否や小学校低学年の不登校の背景に分離不安症が存在する可能性がある（傳田，2006）。**場面緘黙**は，他の状況では話すことができるにもかかわらず，特定の社会状況（学校などの話すことが期待されている状況）では一貫して話すことができないことを主な症状とする。家庭と学校という場面ごとに子どもの様子が違うため，学校は「大人しい子ども」と見られ，その子どもの様子を保護者が知らないまま気づくのが遅れることもある。これらの他にも強迫症や心的外傷後ストレス障害なども見られる。

　うつ病の中核症状には身体症状と精神症状があり，これらが一定の強さで一定の期間持続することで診断される（傳田，2006；表 9.8）。子どもの行動としては，不登校や引きこもり状態にある子どもの一部にうつ病の可能性があり，行動抑制症状（動作が緩慢，動きが鈍い，動きが少ないなど），多動に関連した症状（動きが多い，徘徊，じっとしていられないなど），攻撃的言動，衝動性，自殺企図，自傷行為，行為障害等の問題行動として出現する場合など，きわめて多様である（傳田，2006）。子どものうつ病はけっしてまれではないものの，長らく見過ごされてきた（傳田，2006）。学校における子どもの様子の観察のみではうつ病のサインに気づきにくいことがあるため，質問紙などを用いることも勧められている（佐藤，2010）。また，DSM-5 の抑うつ障害群の中に，重篤気分変調症という新たな診断が追加された。これは発達の水準にそぐわない，激しく繰り返すかんしゃく発作（激しい暴言，人や物に対する物理的攻撃など）が頻繁に見られ，ほとんど毎日いらだちや怒りを感じている状態が 10 歳より前に発症していることなどに

表 9.8　子どものうつ病の臨床的特徴 (傳田, 2006 より一部改変)

身 体 症 状	精 神 症 状
●睡眠障害 途中で目が覚める（中途覚醒），早朝に目が覚める（早朝覚醒），寝つきが悪い，ぐっすり寝た気がしない，時に眠りすぎる（過眠） ●食欲障害 食欲低下，体重減少（子どもの場合，期待される体重増加がない），時に食欲亢進，体重増加 ●身体のだるさ 全身が重い，疲れやすい，体の力が抜けたような感じ ●日内変動 朝がもっとも悪く，夕方から楽になる ●その他の症状 頭痛，頭重感，肩こり，胸が締めつけられて苦しい，動悸，口渇，発汗，寝汗，悪心，嘔吐，胃部不快感，腹部膨満感，めまい，手足の冷え，知覚異常，四肢痛，便秘，下痢	●興味・関心の減退 好きなことも楽しめない，趣味にも気持ちがむかない ●意欲・気力の減退 何をするのも億劫，気力がわかない，何事も面倒 ●集中力の低下 何も頭に入らない，能率低下，集中できない，学業成績低下 ●抑うつ気分 落ち込み，憂うつ，悲哀感，淋しさ，希望がない，涙もろい ●不安・不穏 いらいら，そわそわ，落ち着かない，興奮 ●思考の障害 思考制止，決断不能，自責感，微小妄想，罪業妄想，心気妄想，貧困妄想 ●抑制的な表情・態度 しゃべらない，表情が乏しい，生き生きとした表情の欠如

より診断される。

　上記以外にも児童生徒に見られる精神障害は多くある。学校ではスクールカウンセラーなどの協力を得ながら子ども本人の苦痛や困難さの現れとしての障害の可能性に気づき，医療機関などと連携することが求められる。

9.8 心の問題・発達障害とかかわるために

9.8.1 心の問題の発生・維持，発達障害の理解にもとづく対応

さまざまな心の問題と発達障害によって生じる困難さは，個人と環境の相互作用によって生じると考えられるため，これらを査定し関連を見立て，具体的な援助につなげることが重要である。その際にはさまざまな**心理療法**や**カウンセリング**の理論が役立つ。また，ある時点での子どもに対する理解が必ずしも的を射ているとは限らない。たとえば不登校の子どもとかかわる際に「十分な情報はないが，とりあえず今は何をするか」と考えていかざるを得ない状況もある。そのため，子どもたちの心の問題や発達障害にかかわる援助者（教師，保護者，スクールカウンセラーなど）には，田中（2006）が述べる「仮に理解する」という立場が求められるといえよう。すなわち，子どもの心の問題や発達障害と出会った時点での理解を絶対視せず，その時々で子どもを「仮に理解している」という認識をもち，その後の経過の中で情報をさらに収集し，より的確な理解と援助を目指していくことが必要である。

9.8.2 予防的援助の重要性

不登校状態になったりいじめが生じたりしてから対応することはもとより，そのような問題状況に陥らないための予防的なかかわりも重要である。これまでにも，いじめの予防などの取組みや子どもたちの人間関係づくりのための**構成的グループエンカウンター**，**ソーシャルスキル教育**（ソーシャルスキルトレーニング），自分自身のストレスとのつきあい方を学習する**ストレスマネジメント教育**などさまざまなものが行われており，他にも1つの学校を越えた規模での不登校の未然防止を目的とした取組みや（小林・小野，2005），小学校で行ったうつ病や抑うつの予防プログラム（倉掛・山崎，2006；佐藤ら，2009）などが紹介されている。

9.8.3 協働・連携の重要性と困難さ

心の問題や発達障害のある子どもの情報収集とそれにもとづく援助の実践のためには，さまざまな援助者（教師，保護者，スクールカウンセラーなど）が協働・連携することが求められる。しかし，実際にはこの連携が難しいことがある。たとえば不登校になった子どもの担任は「自分の指導力不足ではないか」と考え，周囲にそのように思われることを恐れて他者からの援助を受け入れ難いと感じるかもしれない。このような援助を求めることに対する認知や行動は，**援助要請**（DePaulo, 1983；Srebnik et al., 1996）として研究され，とくにニーズがあっても相談しない心理の研究と実践が進んでいる（本田，2015）。教師，保護者，スクールカウンセラー，学校外の機関である児童相談所や医療機関など異なる立場の大人同士が，互いの立場を尊重して子どものためにチームを組むとき，援助要請の困難さも考慮することで，より良い援助を行うことができるであろう。

学校カウンセリング

　みなさんは，小学校，中学校，高校時代，どのようなことに悩み，どのようにその悩みを乗り越えてきただろうか。もちろん乗り越えたことばかりではなく，今もその悩みが続いている場合もあるだろう。大学の授業で小中高校時代の悩みを自由に挙げてもらったところ，小学校のときの悩みに，「鉄棒ができなかった」「跳び箱が跳べなかった」というものが挙がっていた。振り返れば大きなことに思えないようなことでも，その当時は大きな壁に見えることもある。こうした学校生活の課題との折り合いに加えて，家庭のことで悩むこともあれば，受験や進路のこと，自分の性格について悩むこともあるだろう。子どもはこうした悩みをもちながら成長する。悩みが自分で対処できるものもあれば，周囲の援助を必要とする場合もある。

　「学校カウンセリング」は，学校において子どもを援助し成長を支える実践とその実践の基盤となる学問体系のことをいう。本章では，学校カウンセリングの基本的枠組み，学校カウンセリングの方法，学校カウンセリングの動向，学校カウンセリングを充実させた学校づくりについて述べていく。

10.1　学校カウンセリングの基本的枠組み

10.1.1　学校カウンセリングが目指すもの

　日本の学校では，学校カウンセリングは，教師を中心に行われてきた。教師には，集団に働きかけることで個の成長を促進する**生徒指導**と，子ども一人ひとりの課題に目を向け個の内面の変容をはかる**教育相談**の役割が付与されており（文部科学省，2010），授業や学級活動などさまざまな場面を通して子どもの成長促進と援助が行われている。これらは実践的営みという側面が強く，学問体系としての整理は十分とはいえない。そこで，子どもを援助する学問体系として，**学校心理学**の考え方（石隈，1999）が参考になる。学

表 10.1　学校心理学の定義 (石隈，1999)

学校心理学は，学校教育において一人ひとりの児童生徒が学習面，心理・社会面，進路面における課題への取り組みの過程で出会う問題状況の解決を援助し，成長することを促進する心理教育的援助サービスの理論と実践を支える学問体系である。心理教育的援助サービスは，教師と学校心理学の専門家（スクールカウンセラーが保護者と連携して行う。心理教育的援助サービスには，すべての子どもを対象とする活動から，特別な援助ニーズをもつ子どもを対象とする活動までが含まれる。

校心理学の定義を表 10.1 に示す。この定義には，いくつかのキーワードが含まれている。

10.1.2　学校カウンセリングは何を援助するか（What）

　学校カウンセリングの援助対象は，①すべての子ども，②子どもの援助者である教師や保護者，③子どもを取り巻く環境である学校システムである。以下，それぞれの対象に対して何を援助するか述べていく。

　まず子どもの援助について述べる。すべての子どもは発達する個人として**発達課題**と，学校に通う児童生徒として**教育課題**に取り組みながら成長する。発達課題の理解には，**エリクソンの心理・社会的発達段階やハヴィガーストの発達課題**が参考になる（第 1 章参照）。教育課題は，日本の学校に通う子どもたちが経験する教育上の課題（受験，進路選択，新しい学校段階への適応）がある。はじめに述べた「鉄棒」「跳び箱」なども，日本の子どもたちが経験する通過儀礼のようなものといえるだろう。これらの課題に加え，転校や親の離婚，親の再婚などによる新しい家族との関係，大切な人との死別など生活の大きな変化を経験し，それらの変化への再適応の過程を経験している子どももいる。また，近年自然災害の発生が多発しているが，そうした自然災害や学校全体を揺るがす事件事故を経験し，危機状況の最中にいる子どももいる。**危機**は，子どもが普段使っている対処をすべて試みても事態が

意識やスキルに個人差がある。専門的ヘルパーは，複合的ヘルパーや役割的ヘルパーの援助者としての意識やスキルを高めることで，間接的に子どもを援助する。この方法は，コンサルテーションと呼ばれるものである。

ボランティアヘルパーの援助を構造化する試みに，ピアサポートがある。ピアサポートには，ピアサポーターとなる生徒を募り，カウンセリングのスキルを学ぶトレーニングを実施し，ピアサポーターを養成し，ピアサポーターが相談活動や孤立しやすい生徒に寄り添う活動を行うものと，学級全体で人間関係作りや傾聴の方法などを学び学級の中に支持的な風土をつくる活動がある（春日井ら，2011）。

10.1.5　学校カウンセリングは子どもをどのように援助するか（How）

学校カウンセリングの展開を考えるとき，3段階の心理教育的援助サービスの考え方が参考になる（石隈，1999；図 10.1）。まず，基盤となるのは，すべての子どもを対象として行う問題の予防のための援助サービスや，発達促進的・開発的援助サービスである。これを，**1次的援助サービス**と呼ぶ。小学校や中学校で行われる新入生を対象としたガイダンスは，次の学校段階への移行という教育課題を支援する 1 次的援助サービスといえる。また，多くの子どもに共通する課題となる学習法，進路選択，自己理解，他者・集団との関わりといったライフスキルを学ぶ機会を提供することも 1 次的援助サービスに含まれる（石隈ら，2016）。

次に，**2次的援助サービス**は，登校しぶりや学習意欲の低下がみられる一部の気になる子どもや，転校生や帰国子女など生活の変化を経験している子ども，親の離婚や家族形態の変化，家庭の経済的困窮などを経験している子ども，文化・言語の異なる子どもや自分の性自認や性の指向性について悩む子どもなど，一部の苦戦するリスクが高いとされる子どもが発信する SOS に早期に気づき，支援をスタートさせることである。この段階の援助は，大きな問題を未然に防ぐという点で，重要な役割を果たしている。気になることを学年や学校で共有することや，子どもが示す SOS のサイン（学習意欲

図 10.1　3 段階の心理教育的援助サービス，その対象，および問題の例
（石隈，1999 を一部改変）

の低下，食欲の低下，遅刻・早退が増えた，一人でいることが増えた）を定期的にチェックするといったことが行われている。

　3 次的援助サービスは，不登校状態にある子どもやいじめを経験している子ども，発達障害のある子どもなど，援助ニーズが高い児童生徒に対して行われる援助サービスである。この段階では，個別支援計画・個別教育計画などを作成し，より専門的・集中的な援助サービスが行われる。この段階の援助は，チームで行われる。ここで重要なことは，3 次的援助サービスを必要とする子どもは，その前の段階の 1 次的援助サービス，2 次的援助サービスも必要としているということである。中学 3 年生で不登校状態にある児童生徒は，その子どもが必要としている個別の援助に加えて，進路決定に必要な情報や相談は他の生徒と同様に必要としている。

な場面で行われている。2007年に特別支援教育がスタートする際，特別支援学校の教師が通常の学校の教師の相談にのる制度（**特別支援学校のセンター的機能**）が特別支援教育の一つの柱に位置づけられた。特別支援学校に限らず，通常の学校に設置されている通級指導教室や特別支援学級を担当する特別支援教育を専門とする教師が，校内の特別支援教育コーディネーターに任命され，通常学級担任教師のコンサルテーションを担うことも多い。脇・須藤（2020）は，特別支援教育コーディネーターに求められるコンサルテーションスキルには，**問題解決スキル**と**対人関係スキル**があることを示し，研修によってそれらを高める介入を行っている。短時間の研修でも，それらのスキルを高めることができることを示している。

10.2.4　援助チーム

相互コンサルテーションをさらに発展させたものとして，**援助チーム**がある（田村・石隈，2003，2013）。援助チームとは，援助ニーズの大きい子どもの学習面，心理・社会面，進路面，健康面における問題状況の解決をめざす複数の専門家と保護者によるチームであり，学校教育の専門家である教師，自分の子どもの専門家である保護者，学校カウンセリングの専門家であるスクールカウンセラー等で，子どもに対する援助を具体的に進めるため情報収集や援助方針の作成，援助の具体案を話し合う作戦会議のことである（石隈，1999）。援助チームには，**コア援助チーム**，**拡大援助チーム**，**ネットワーク型援助チーム**の3種類がある（田村・石隈，2003；図10.5）。コア援助チームは，子どもの援助を具体的に進める実働チームであり，担任，保護者，コーディネーターを中心に構成される。拡大援助チームは，子どもに関わる校内の援助者を中心に構成され，子どもの情報を幅広く収集すること，援助方針の検討・共有のために行われる。ネットワーク型援助チームは，学校外の専門機関（例：教育支援センター（適応指導教室）や医療機関）とネットワークを築き，それら専門機関の助言や情報を援助チームに反映することでチームとして機能する。

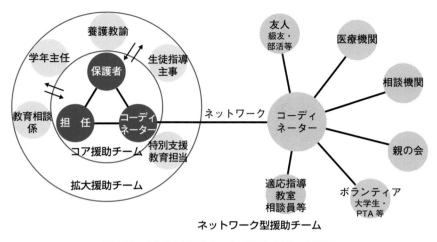

ネットワーク型援助チーム

図 10.5　3 種類の援助チーム（石隈・田村，2005）

10.2.5　コーディネーション

　子どもの援助に多数の援助者が関わるようになると，援助者間の連絡調整や援助方針の検討を行う機会の設定，子どもや学校が必要とする援助に関して学校内外の資源につなぐなど，子どもが必要とする援助を把握し学校内外の資源を活用し提供する一連の行動（以下，コーディネーション行動）の重要性が増す（瀬戸・石隈，2003）。2007 年に特別支援教育がスタートする際，特別支援教育コーディネーターの指名が各学校に要請されたため，特別支援教育コーディネーターはほとんどの公立小・中学校で配置されている。また，学校カウンセリングの観点では，生徒指導・教育相談を担当する係の教師が，学校内の生徒指導や教育相談のコーディネーターとなっていることも多い。コーディネーションを担う教師のことを，コーディネーターと呼ぶ。生徒指導委員会，教育相談部会，学年会，特別支援教育委員会など学校の中で，子どもの援助に関する部門を担う組織がコーディネーションを組織として担っており，これらの組織を総称してコーディネーション委員会と呼んでいる

動支援の効果を示すエビデンスが蓄積されつつある。

10.3.3 保護者との連携

　学校カウンセリングでは，保護者との連携が欠かせない。保護者との連携は，援助ニーズが高い子どもの保護者との連携と，すべての子どもの保護者との連携がある。田村・石隈（2007）は，発達障害のある子どもの保護者との連携プロセスを通して，保護者には援助者と出会うまでの子育ての苦労や子どもの発達に関する戸惑い・不安を受け止めてもらいたい・理解してもらいたいという**カウンセリングニーズ**と，子どもの問題状況を解決するために具体的な助言が欲しいという**コンサルテーションニーズ**があることを示している。発達障害のある子どもを育てる親は，家庭における子どもの問題行動（やるべきことをなかなかやろうとしない，かんしゃくをおこす，着替えをいやがるなど）に対して困ることも多く，子育てにおける具体的な改善方法を知りたいというニーズをもっていることは少なくない。子育ての具体的方法を学ぶプログラムとして，**ペアレントトレーニング**がある（岩坂，2012；上林ら，2002）。ペアレントトレーニングの具体的な内容について，**表 10.7**に示す。

　すべての子どもの保護者との連携では，子どもたちの心の安定のために家庭が果たす役割は基盤となるものである。また，学校で SST やいじめ予防プログラムなどの心理教育を行った際に，家庭でも同様のメッセージを伝えてもらうことが，学習内容の定着において重要である。一方，多様化する社会の中で，多様な文化や言語，価値観をもつ家庭も増えてきている。学校から家庭に何かをお願いするという一方向的なコミュニケーションではうまくいかないケースも増えてきている。家庭がどのような文化や価値観をもっているのか，どのような援助ニーズをもっているのかを把握し，子どもの現状をどのように改善できるか共通の目標を設定し，家庭と学校で互いに何ができるか話し合う姿勢も求められている。このような両方向のコミュニケーションを基盤とする連携について，「**家庭と学校のパートナーシップ**」に関す

表 10.7　ペアレントトレーニングの内容例（岩坂，2012 をもとに作成）

回数	内容
第 1 回	ミニ講義「発達障害とペアレントトレーニング」オリエンテーション，自己紹介・子ども紹介
第 2 回	子どもの行動の観察と理解
第 3 回	子どもの行動への良い注目の仕方
第 4 回	親子タイムと上手なほめ方
第 5 回	前半のふりかえりと学校との連携
第 6 回	子どもが達成しやすい指示の出し方
第 7 回	上手な無視の仕方（ほめるために待つ）
第 8 回	トークンシステム（ご褒美）とリミットセッティング（限界設定）
第 9 回	ほめ方，無視の仕方，タイムアウトのまとめ
第 10 回	全体のまとめとこれからのこと，学校との連携（再）

る研究も見られる（Iida et al., 2020）。

10.4　学校カウンセリングを充実させた学校づくり

　最後に，ここまで述べてきた学校カウンセリングの枠組みや方法がフル活用された学校づくりの実践を紹介する。横島・萩原（2018）は，茨城県の単位制高校「フレックススクール」において，10.1 節で述べた学校カウンセリングの枠組みを全面展開した実践を報告している。単位制高校に通う多くの子どもが中学校時代不登校を経験しており，従来の高校のあり方では通い続けることが難しい生徒が多数いることが想定された。そこで，学習面・心理社会面・進路面・健康面という子どもが援助を必要とする側面と，3 段階の

心理教育的援助サービスの段階をかけあわせ，各側面・各段階の援助サービスを充実させている。1次的援助サービスとして，多くの子どもが共通してもつコミュニケーションや人間関係の課題を学ぶため，構成的グループエンカウンター（國分・國分，2004）やソーシャルスキルトレーニングを取り入れた「心理学」の授業を必修にしている。また，生徒の学習意欲が高まるよう多様な授業を展開し（「陶芸」「中国語」「和太鼓」「ヨーガ」「郷土の焼き物文化」など），生涯学習としてこれらの授業の一部を地域の人にも開放し異年齢で学ぶ空間を作り出している。また，高校生の話し相手として，近隣の大学の大学生をキャンパスエイドとして配置し，ボランティアヘルパーの機能を充実させている。

こうした試みをコーディネートする立場として，カウンセリングコーディネーターを配置し，学校全体で子どもの支援を行うことが重視されている。また，制服が苦手な子への配慮として，制服の着用は任意で，上下数種類あり組合せ自由で百種類を超える組合せが可能な制服が用意されているということである。

学校カウンセリングの基本は，一人ひとりの子どもの悩みや課題に寄り添い，相談の機会や日々の声かけを通して，子どもが学校でよい経験を積み成長していくことをサポートすることである。一方で，子どもが通いやすい学校通いたくなる学校づくりも学校カウンセリングの基盤を支える重要な要素といえる。

野々村 新（編）（1980）．こころへのアプローチ―― An approach to the mind ――
田研出版

Sattler, J. M. (2008). *Assessment of children : Cognitive foundations* (5th ed.). San Diego, CA : Jerome M. Sattler.

Sternberg, R. J. (1988). *The triarchic mind : A new theory of human intelligence.* New York : Viking.

Sternberg, R. J., & Williams, W. M. (2002). *Educational psychology.* Boston, MA : Allyn & Bacon.

第6章

Costa, P. T., & McCrae, R. R. (1992). *NEO-PI-R professional manual : Revised NEO personality inventory and NEO five factor inventory.* Odessa, FL : Psychological Assessment Resources.

榎本 博明（1997）．自己開示の心理学的研究　北大路書房

古川 聡（1999）．こころの探検――行動から心理をさぐる――　丸善出版

池上 知子（2006）．社会的認知　海保 博之・楠見 孝（監修）・佐藤 達哉他（編）心理学総合事典（pp.408-415）　朝倉書店

伊藤 亜矢子・松井 仁（2001）．学級風土質問紙の作成　教育心理学研究，*49*，449-457.

Jourard, S. M. (1971). *Self-disclosure : An experimental analysis of the transparent self.* New York : Wiley.

宮城 音弥（1960）．性格　岩波書店

Montemayor, R., & Eisen, M. (1977). The development of self-conception from childhood to adolescence. *Developmental Psychology, 13,* 314-319.

Nettle, D. (2007). *Personality : What makes you the way you are.* Oxford : Oxford University Press.
（ネトル，D.　竹内 和世（訳）（2009）．パーソナリティを科学する――特性5因子であなたがわかる――　白揚社）

菅原 ますみ（2006）．パーソナリティの発達　海保 博之・楠見 孝（監修）佐藤 達哉他（編）心理学総合事典（pp.364-371）　朝倉書店

Symonds, P. M. (1939). *The psychology of parent-child relationships.* New York : Appleton-Century.

詫摩 武俊（1981）．気質　藤永 保（編）新版　心理学事典（pp.140-141）　平凡社

Thomas, A., & Chess, S. (1986). The New York longitudinal study : From infancy to early adult. In R. Plomin, & J. Dunn (Eds.), *The study of temperament : Changes, continuities and challenges* (pp.39-52). Hillsdale, NJ : Lawrence Erlbaum Associates.

Tice, D. M., & Faber, J. (2001). Cognitive and motivational processes in self-presentation. In J. P. Forgas, K. D. Williams, & L. Wheeler (Eds.), *The social mind : Cognitive and motivational aspects of interpersonal behavior*（pp.139-156）. New York：Cambridge University Press.

辻 平治郎・藤島 寛・辻 斉・夏野 良司・向山 泰代・山田 尚子・森田 義宏・秦 一士（1997）. パーソナリティの特性論と 5 因子モデル――特性の概念，構造，および測定――　心理学評論，*40*, 239-259.

和田 さゆり（1996）. 性格特性用語を用いた Big Five 尺度の作成　心理学研究，*67*, 61-67.

Wegner, D. M., Schneider, D. J., Carter, S. R. III., & White, T. L.（1987）. Paradoxical effects of thought suppression. *Journal of Personality and Social Psychology*, *53*, 5-13.

依田 明・飯嶋 一恵（1981）. 出生順位と性格　横浜国立大学紀要，*21*, 117-127.

第 7 章

Anderson, C. S.（1982）. The search for school climate：A review of the research. *Review of Educational Research*, *52*, 368-420.

Brophy, J. E., & Good, T. L.（1974）. *Teacher-student relationships : Causes and consequences.*New York：Holt, Rinehart & Winston.
（ブロフィ，J. E.・グッド，T. L.　浜名 外喜男・蘭 千壽・天根 哲治（訳）（1985）. 教師と生徒の人間関係――新しい教育指導の原点――　北大路書房）

藤枝 静暁・相川 充（2001）. 小学校における学級単位の社会的スキル訓練の効果に関する実験的検討　教育心理学研究，*49*, 371-381.

伊藤 亜矢子・松井 仁（2001）. 学級風土質問紙の作成　教育心理学研究，*49*, 449-457.

河村 茂雄（2000）. Q-U 学級生活満足度尺度による学級経営コンサルテーション・ガイド――代表的なパターンによる学級集団の状態の理解と具体的な対応策――　図書文化社

河村 茂雄（2006）. 学級づくりのための Q-U 入門――「楽しい学校生活を送るためのアンケート」活用ガイド――　図書文化社

楠 凡之（2002）. いじめと児童虐待の臨床教育学　ミネルヴァ書房

Lewin, K., Lippitt, R., & White, R. K.（1939）. Patterns of aggressive behavior in experimentally created "social climates". *Journal of Social Psychology*, *10*, 271-299.

三隅 二不二・矢守 克也（1989）. 中学校における学級担任教師のリーダーシップ行動測定尺度の作成とその妥当性に関する研究　教育心理学研究，*37*, 46-54.

三隅 二不二・吉崎 静夫・篠原 しのぶ（1977）. 教師のリーダーシップ行動測定尺度の作成とその妥当性の研究　教育心理学研究，*25*, 157-166.

森田 洋司（1994）. いじめ，いじめられ――教室では，いま――　森田 洋司・清永 賢二　いじめ――教室の病い――　新訂版（pp.41-98）　金子書房

大谷 和大・岡田 涼・中谷 素之・伊藤 崇達（2016）. 学級における社会的目標構造

と学習動機づけの関連　教育心理学研究, *64*, 477-491.

Rosenthal, R., & Jacobson, L.（1968）. *Pygmalion in the classroom : Teacher expectation and pupils intellectual development.* New York：Holt, Rinehart & Winston.

Sullivan, H. S.（1953）. *Conceptions of modern psychiatry.* Norton.
　　（サリヴァン，H. S.　中井 久夫・山口 隆（訳）（1976）. 現代精神医学の概念　みすず書房）

第8章

Alexander, P. A., & Winne, P. H.（Eds.）（2006）. *Handbook of educational psychology* (2nd ed.). Hillsdale, NJ：Lawrence Erlbaum Associates.

浅沼 茂（2006）. 目標基準評価と説明責任　辰野 千壽・石田 恒好・北尾 倫彦（監修）教育評価事典 (p.118)　図書文化社

Berliner, D. C., & Calfee, R. C.（Eds.）（1996）. *Handbook of educational psychology.* New York：Macmillan Library Reference.

Bloom, B. S., Hastings, J. T., & Madaus, G. F.（1971）. *Handbook on formative and summative evaluation of student learning.* New York：McGraw Hill.
　　（ブルーム，B. S.・ヘスティングス, J. T.・マドゥス, G. F.　梶田 叡一・渋谷 憲一・藤田 恵璽（訳）（1973）. 教育評価法ハンドブック——教科学習の形成的評価と総括的評価——　第一法規）

福沢 周亮・堀 啓造・池田 進一（1980）. 教育心理学書の分析　筑波大学心理学研究, *2*, 45-58.

橋本 重治（2003）. 教育評価法概説　図書文化社

梶田 叡一（1994）. 教育における評価の理論 I ——学力観・評価観の転換——　金子書房

文部科学省（2015）. 教育課程企画特別会議　論点整理　補足資料　27.

文部科学省初等中等教育局教育課程課（2020）. 新学習指導要領の全面実施と学習評価の改善について Retrieved from https://www.mext.go.jp/content/20201023_mxt_sigakugy_1420538_00002_004.pdf

西岡 加名恵（2001）. ポートフォリオ評価法におけるルーブリックの位置づけ　教育目標・評価学会紀要, *11*, 2-12.

Slavin, R. E.（Ed.）（2010）. *Educational psychology : Theory and practice* (9th ed.). Pearson.

鈴木 秀幸（2001）. パフォーマンス評価とは　指導と評価, *47*, 56-59.

鈴木 雅之（2011）. ルーブリックの提示による評価規準・評価目的の教示が学習者に及ぼす影響——テスト観・動機づけ・学習方略に着目して——　教育心理学研究, *59*, 131-143.

田中 耕治（編著）（2002）. 新しい教育評価への挑戦——新しい教育評価の理論と方法 I：理論編——　日本標準

続 有恒（1973）. 教育心理学の探求　金子書房

第9章

American Psychiatric Association（2002）. *Quick reference to the diagnostic criteria from DSM-IV-TR*.

（アメリカ精神医学会　髙橋 三郎・大野 裕・染矢 俊幸（訳）（2003）. DSM-IV-TR 精神疾患の分類と診断の手引　新訂版　医学書院）

American Psychiatric Association（2015）. *Understanding mental disorders : Your guide to DSM-5*. American Psychiatric Publishing.

（American Psychiatric Association　滝沢 龍（訳）（2016）. 精神疾患・メンタルヘルスガイドブック―― DSM-5 から生活指針まで――　医学書院）

朝比奈 牧子（2007）. 犯罪・非行の基礎理論　藤岡 淳子（編）犯罪・非行の心理学（pp.21-43）　有斐閣

傳田 健三（2006）. 小児のうつと不安――診断と治療の最前線――　新興医学出版会

DePaulo, B. M.（1983）. Perspectives on help-seeking. In B. M. DePaulo, A. Nadler, & J. D. Fisher（Eds.）, *New directions in helping*. Vol.2：Help-seeking（pp.3-12）. New York：Academic Press.

藤森 和美（2006）. 学校への危機介入　金 吉晴（編）心的トラウマの理解とケア　第 2 版（pp.183-210）　じほう

古荘 純一（2008）. 家族・支援者のための発達障害サポートマニュアル　河出書房新社

不登校に関する追跡調査研究会（2014）. 不登校に関する実態調査報告書――平成 18 年度不登校生徒に関する追跡調査報告書――　Retrieved from https://www.mext.go.jp/component/a_menu/education/detail/__icsFiles/afieldfile/2014/08/04/1349956_02.pdf

本田 真大（2015）. 援助要請のカウンセリング――「助けて」と言えない子どもと親への援助――　金子書房

本間 友巳（2003）. 中学生におけるいじめの停止に関連する要因といじめ加害者への対応　教育心理学研究, *51*, 390-400.

五十嵐 哲也・萩原 久子（2004）. 中学生の不登校傾向と幼少期の父親および母親への愛着との関連　教育心理学研究, *52*, 264-276.

加納 寛子（2016）. ネットいじめへの対処　加納 寛子（編著）ネットいじめの構造と対処・予防（pp.80-109）　金子書房

加藤 弘通・大久保 智生（2006）. 〈問題行動〉をする生徒及び学校生活に対する生徒の評価と学級の荒れとの関係――〈困難学級〉と〈通常学級〉の比較から――　教育心理学研究, *54*, 34-44.

加藤 弘通・大久保 智生（2009）. 学級の荒れの収束過程と生徒指導の変化――二者関係から三者関係に基づく指導へ――　教育心理学研究, *57*, 466-477.

河村 茂雄（1999）. 学級崩壊に学ぶ　誠信書房

河村 茂雄（2000）. 学級崩壊予防・回復マニュアル――全体計画から 1 時間の進め

事 項 索 引

スタンダード発達心理学

松井　豊 監修／櫻井茂男・佐藤有耕 編
A5 判・320 ページ・本体 2,600 円（税抜き）

少子高齢化がすすむ中，発達を理解するためには，生涯発達の観点が必要不可欠であろう．本書では，「発達」という現象を幅広く理解してもらうことを目指し，胎児期から老年期に至る発達の過程を丁寧に解説する．乳幼児期と児童期については「知性」と「社会性」に分けて最近の研究成果を概観し，思春期以降についても，それぞれの発達段階を細かく区分し説明する．また，最終章では近年広く認知されるようになった発達障害について詳述する．2 色刷．

【主要目次】

サイエンス社

スタンダード臨床心理学

松井　豊 監修／杉江　征・青木佐奈枝 編
A5 判・336 ページ・本体 2,800 円（税抜き）

近年，私たちを取り巻く環境はさまざまな変化を遂げている．それに伴って心に問題を抱える人は増え，その対処のために臨床心理学が果たす役割もますます大きくなっているといえよう．本書では，臨床心理学の基礎理論から種々の臨床心理学的技法，さらには昨今の臨床現場の実情に至るまで，教育・臨床経験豊富な著者陣が，幅広く系統的に解説する．臨床心理学をはじめて学ぶ大学生，通信教育等で独習する方にもおすすめの一冊である．

サイエンス社